子どもが生きられる空間

生・経験・意味生成

高橋　勝

東信堂

はじめに

土門拳の写真集のなかに、トカゲを坊主頭にはべらせて遊んでいる子どもの写真がある。小学校三～四年生ぐらいだろうか。一匹を頭上にはわせ、もう一匹を大事そうに右手でつかみ、出した頭を撫でている。なかなかできる芸当ではない。仲間が自分にも触らせてくれと言いたそうに見ている。トカゲ使いのような男の子の得意気《げ》な顔がなかなかいい。一九五〇年代半ばごろの東京下町の路地裏で撮られた写真である（『腕白小僧がいた』、小学館、二〇〇二年）。

今では嫌われているトカゲも、あのころは、子どもたちの格好の遊び相手だった。子どもたちは、身近にいる生きものはもとより、周りにあるものは何でも遊び相手や道具に仕立て上げた。戦後の復興期で、日本はまだ貧しく、都会でも少し裏通りに入れば、道路は子どもの遊び場だった。そこで落書きをし、縄跳びをし、ビー玉に夢中になった。

ところが、高度経済成長期を経て、都市化が進行してくると、街《まち》からゴミゴミした路地裏や空き地が消えてくる。高層ビルや住宅で、街《まち》全体が覆い尽くされる。住宅建設と道路交通網が整備されていく過程で、ムダなもの、余計なもの、用途のよく分からないものがことごとく取り除かれていった。廃材置き場は、子どもにとっては絶好の隠れ家で、空き地は最高の遊び場だったが、そうしたすき間を抱え込む余裕のない、生産性と効率優先の機能的な都市空間が出現した。

いつしか子どもたちは、機能的に配置された空間のなかに置かれるようになった。学校、家庭、塾、スポーツ教室という点とそれを結ぶ直線が子どもの生活世界となった。かつて暮らしの場そのものであった道路や商店街は、点と点を移動する単なる通過点に変わった。さらに一九八〇年代からの電子メディアの進展は著しく、子どもたちは、テレビはもとより、ゲーム機、ケイタイ、スマートフォン等の電子メディアの世界に吸収され、生活の場としての地域社会は、崩壊の一途をたどってきた。

しかし、子どものからだが、電子メディアという無生物的、無機的空間に包まれていくと、そのからだから、背伸びやアクビをしたときのような全身開放感が消え、ガラス張りの透視空間の中に身を置くかのような圧迫感を強いられる。からだで、五感で感じるのではなく、目的によって切り取られた狭い窓口でしか世界を感じられないようになりがちである。

信州、清里にある大学の宿泊施設に、附属小学校の子どもを引率して行ったときのことである。普段は閉鎖され、夏季のみ管理人が入って開かれる宿泊施設なので、湿気をとるために部屋は開け放してあった。部屋に入った女子が、突然キャーと悲鳴をあげたことがある。何事かと思いきや、蛾が一匹天井に止まっていた。蛾が気持ち悪いのだという。腰を抜かすばかりの驚きぶりに、むしろ筆者の方が驚いた。風呂場でヤモリが壁を這っていたこともあった。筆者は可愛いと感じたが、やはり気持ち悪い、「超キモい」という子どもが多くなった。ある時期から、こうした異形の生きものに拒絶反応を示す子どもが増えたように感じられる。

害をなすかどうかよくわからない昆虫や小動物までもが、いつしか私たちの周辺から姿を消してきた。かつては、子どもの遊び相手であったトカゲも、今では「キモい」異物として排除されかねない。メディア上の画面であれば、子どもたちはどんな恐ろしい怪獣でも平気である。しかし、現実世界で子どものからだが受け入れられる許容範囲は非常に狭くなってきた。メディア経験と現実経験の間に生じた大きなギャップの問題に、私たち大人はまだ気づいていないのだ。

学校、家庭、地域の連携によって、よい子どもを育てようという教育はたしかに大切である。しかし、その前に、都市化や情報化によって、子どもが自然や生きものから隔離され、仲間との関係にも気を遣い、ますます透明なカプセルの中に囲い込まれてしまうのではないか、という危機意識を、私たちが共有する必要があるのではないか。機能的で便利な社会は、その隅々から、猥雑《わいざつ》さ、冗長さ、すき間を消しゴムのように消し去ってきたのではないか。

一九八〇年代から急激に増えだした不登校や引きこもり、そして自傷行為や自尊感情の低さ等のデータを見ると、子どもたちは、もはや犯罪や暴力といった反社会的存在ではなくなり、逆に非常にデリケートで傷つきやすい存在になった感がある。それは、都市空間の機能的合理化の過程で、子どもの生きたからだが、大自然や他者との関わり合いの場を失い、生産の現場からも排除されて、長いトンネルのようなカプセル空間に押し込められてきたことと無関係ではないだろう。

安全安心を追求するあまり、私たちは子どもを外部から遮断した保育器のような場所に押し込めてきたのではないか。子どもがちょっとしたことで傷つきやすく、不登校にもなりやすくなったのは、その日その日のいのちを存分に燃やして生きる感覚、生命科学者、中村桂子のいう「生きもの感覚」が退化してきた結果ではないだろうか（『「生きもの」感覚で生きる』講談社、二〇〇二年）。

二〇世紀末ごろから、自然科学の対象は、原子物理学などの外部の自然の解明から、生命科学などの内部の自然の解明に大きく転換してきた。遺伝子工学やヒトゲノムの解読などの研究が盛んに行われてきたが、中村桂子は、こうした遺伝子操作にもつながりかねない生命研究にきわめて懐疑的である。身の回りから、生きものそのものが消えてきた現実を直視せずに、生命科学はありえないと言う。いま必要なことは、生命現象の解明ではなく、逆に、人間が「生きもの感覚」を学び、「生きもの感覚」を回復していくことが大切なのだと指摘する。「生きものを解明する」のでなく、「生きものに学ぶこと」、それが中村の提唱する「生命誌」研究の強い動機となっている。

一つの目標に向かって走るのは機械がすることであって、ほんらい生きものは、目的合理性を逸脱したものである。この世に存在する意味すらもよくわからないもの、それが生きものである。不安を抱えながら、ジグザグをたどり、手探りでしか歩めないもの。これが生命体の重要な特質と考えるならば、子どもという「未形の生」を生きる存在も、まさに試行錯誤を繰り返す不安定な生きものにほかならない。道草、迷路、徘徊《はいかい》、ジグザグといった、一見ムダと思われる冗長な空間こそが、子どもという「生きもの」が息を吹きかえす場所なのである。これは、むろん子どもに限ったことではない。大人にも「生きられる空間」が必要なことは、言うまでもない。

「子どもが生きられる空間」という本書のタイトルは、日本語として必ずしも一般化しているわけではないので、若干説明を要するかもしれない。「生きられる空間」という表記は、ドイツ語の **der gelebte Raum**、フランス語の **espace vécu** の翻訳である。基本的には現象学的精神病理学や現象学的人間学でよく使用されてきた概念である。フランスの精神病理者E・ミンコフスキーには、『生きられる時間』(Le temps vécu)という著作があり、ドイツの教育哲学者O・F・ボルノウは、その著『人間と空間』の中で、まさに「生きられる空間」を描写している。

それは、物理学や自然地理学によって構成された客観的な等質空間ではなく、身体感覚や感情によって彩《いろど》られた包容力と愛着性のある空間である。正確な道路地図は、目的地までの距離や信号の数を教えてくれる。しかし、狭い裏通りや路地裏で遊びができるかどうか、その場所の独特の賑《にぎ》わいや空気を伝えることはない。そこに暮らす子どもの嗅《きゅう》覚を通してしか描けない道路や街並みというものがある。「子どもが生きられる空間」という本書のタイトルは、そうした子どもの日常の息づかいや皮膚感覚を通して感じ取られる世界という意味で使用している。

本書は、こうしたテーマで執筆された原稿を集め、加筆修正を施して編まれたものである。本書を通して、現代の子どもの置かれた状況を人間学的にとらえ直すと同時に、大人自身の「生きられる空間」を振り返る手がかりをも示唆することができれば、筆者としてこれに優る喜びはない。

最後になるが、東信堂社長、下田勝司氏ご夫妻には、今回も企画の段階から懇切丁寧なご助言とご助力を賜った。ご夫妻の辛抱強い励ましと後押しがなければ、本書は日の目を見なかったかもしれない。心から厚く御礼を申し上げたい。

二〇一四年一〇月

高橋　勝

【目次】 子どもが生きられる空間——生・経験・意味生成

子どもが生きられる空間―生・経験・意味生成

第1章　子どもが生きられる空間とは何か

警察庁の発表によれば、二〇一一年の自殺者数は、全国で三〇、六五一人である。これで、日本人の年間自殺者は、一九九八年以降一四年連続で三万人を超え続けたことになる。全体の自殺者は、前年よりも三・三パーセント下回ったが、「学生・生徒」の自殺者数は、逆に前年より一〇一人増の一、〇二九人に上った。

「学生・生徒」の自殺者が一〇・九パーセントも増えたことが二〇一一昨年の自殺者数の大きな特徴である。過去の自殺者数の増減を示すデータを見ると、「学生・生徒」の数が、二〇〇〇年代に入ってから急激に増えてきたことがわかる。貧困や病気などに陥りがちな六〇代の自殺者数が多いことはそれなりに理解できるが、この一〇年で、なぜ高校生や大学生などの若者の自殺が増えてきたのか、理解に苦しむ人が多いのではないか。

　他方で、最近の日本の若者が内向きで、冒険や海外留学を望まないなど、チャレンジ精神に欠けるといったことも、すでに指摘されている。そこで、本章では、子どもが「生きられる空間」とは何かを人間学的に考察することで、子どもや若者の生きづらさの背景にあるものを明らかにし、いま子どもたちに必要な教育や援助とは何かを具体的に示していくことにしたい。

1　能力開発で構成された空間

「子どもが生きられる空間」とは、どのような場所なのだろうか。それは、子どもたちが仲間と群れて遊び、戯れ、田んぼでザリガニを取ったり、蝶《ちょう》を追いかけたりする空間である。しかし、いま子どもたちは戸外では遊ばなくなった。

　筆者は、休日でも、学会や講演会等で外に出ることが多い。自宅から最寄駅まで、一二～三分かかるのだが、時間に余裕があると、公園や空き地、コンビニ前の駐車場など、子どもたちが居そうな場所を目で追いながら、ゆっくり歩くことがある。しかし、この一〇年ほど、休日でも、子どもたちの姿を街で見かけることがめっきり少なくなった。

　逆に、しばしば目にするようになったのは、教師に引率され、整列して歩く子どもやグラウンドで野球やサッカーチームの監督に指導される子どもたちの姿である。ある時期から、大人が仕事の世界に囲い込まれたように、子どもたちもまた、目的合理的な空間に回収されてきた。学校、塾、スポーツ教室、水泳教室、音楽教室、英会話教室など。それぞれの場所には、それぞれの知識、技能に熟達した教師が待っている。その場所で、子どもは、教師から、知識、技能を学ぶ。それぞれの教室は、到達度でランクづけされ、水泳教室では、七級クラス、三級クラスといった具合に、学校の学年にも似たクラス分けがなされている。

学校や塾、おけいこ教室で子どもたちは、能力差や到達度に応じて序列化され、一歩一歩長い上達の階段を上るようになった。それらは、よく言えば、発達段階や子どもの習熟度に合わせて配置された空間である。しかし、別の見方をすれば、あらかじめコース化された階段を上るだけの空間であり、子どもの冒険心や想像力を発揮し、試行錯誤できる場所ではない。学校と同様に、定まったモノサシで能力を計られ、序列化された空間である。こうして、子どもたちは、まさに評価の空間の中に収容された感がある。

子どもが、他者による〈評価のまなざし〉から逃れられる場所は、自分の部屋かコンビニ、ゲームセンター、あるいは匿名の他者と本音で語り合うネットの世界ぐらいしか残されていないように見える。ネットは広い世界への窓口ではなく、子どもの逃げ場所（アジール）なのだ。

哲学者のハイデガーによれば、近代世界に固有の〈まなざし〉は、大自然を含めて、この地上にあるもののすべてを、利用可能な資源（resource）に仕立て上げる。〈目的—手段〉の関係ですべてを配置する。そこでは、生あるものの不思議さや存在することの驚きの感覚はない。不思議さや驚きではなく、開発（development）と利用こそが近代世界の強力な〈まなざし〉だからである。

人間とは何かという問いや、子どもとは何かという存在論的な疑問は、近代世界では封印される。近代世界は、子どもという存在そのものを謎や驚きの対象として見るのではなく、開発や発達という〈必要のフィルター〉を被せて子どもを見る。子ども自身も、いつしかそうした狭いフィルターを通してしか自分を理解できなくなる。〈必要のフィルター〉が一人歩きして、それに合致しないありのままの自分の姿が、みすぼらしく思えてくるのである。日本の子どもにおいて著しい自尊感情の低さは、大人が作り出した狭い尺度でしか自分を見ることができなくなった結果なのではないか。

2　〈張り〉の空間／〈たわみ〉の空間

近代社会の空間は、生産性（productivity）の向上と能力開発という目的で配置される傾向にある。初めに目的があり、その目的を効率的に達成するために空間の間取りが設計される。しかし、子どもが「生きられる空間」は、目的が先取りされた機能的空間とは全く異なる。そこは、むしろ生命体が生息する場、あるいは眠っていた生命（いのち）が息を吹き返すような空間である。後白河法皇が編集したと言われる平安時代末期の『梁塵秘抄』（一一八〇年前後）の中に、大変有名な今様が収められている。

遊びをせんとや生れけむ　戯《たはむ》れせんとや生れけん
遊ぶ子供の声きけば　我が身さへこそ動《ゆる》がるれ

ここでは、子どもを社会で役立つ人間（農民、職人、武士など）に仕立て上げようと見る〈まなざし〉はない。群れて遊ぶ子どもの歓声がそのまま活写されている。子どもという原初の生命体に宿る生命の躍動感、H・ベルクソンの言う「エラン・ヴィタール」（生の躍動）そのものに感嘆する〈まなざし〉がここにはある。「遊ぶ子供の声きけば 我が身さへこそ動がるれ」と謡うことで、子どもたちの歓声によって、大人自身が新たな生の息吹をもらっているのだ。大人自身がゆらめく生の昂揚感にひたる。耳を澄ませて、子どもという生の躍動を聴き取る。

そこは、子どもの遊び、戯れ、いたずら、悪だくみ、冒険、探検など、危険と隣り合わせの活動がなされる場所である。子どもという生にとって、遊びは生きることそのものである。遊びには緊張の糸をほぐす弛み（たわみ）がある。遊びは、緊張の糸を緩め、〈たわみ〉和《なご》む空気をつくり出す。プレイスクールを提唱してきた小笠原浩方は、次のように書いている。

> 《糸》がたわんで《遊び》が生じる。このことは、「たわむ」に由来する「たわむれ」が「遊び」を表す事実によく符号している。「遊び」は、そのようなたわみによって生じる《ゆらぎ》を意味する

概念である。動物は大なり小なりたわむれ遊ぶ。しかしその《たわみ》はまだ小さく、生存のための《糸》の緊張関係＝《張り》が支配的である。ところが、人間の子どもたちは長い間保護されることによって、その《張り》から解放され、《たわみ》の中におかれている。子どもたちは、仲間とたわむれたり、珍しいものを探したり、あるいは悪戯をしたり、大人の真似をしたりして、終始遊んでいるとさえ言えるだろう。」(『空間(すきま)にあそぶ』萌文社、一九九八年、三〇頁)

動物とは異なり、ヒトの子どもは、脳の発達が未熟なままで誕生することもあって、その好奇心に溢《あふ》れた幼児的特性は長期にわたって保持される。子どもにとって、世界は好奇心のおもくむままに、遊びを通して経験される。つまり、世界は《張り》においてではなく、まず《たわみ》において経験される。この《たわみ》の経験こそが、その後の子どもの想像力や多面的な学びへの原動力となるのである。小笠原は次のようにも言う。

その遊びがどのような種類のものであっても、《たわみ》の中で遊びながら過ごすという、その体験そのものにより、《たわみ》の世界が人間にとって生の原風景となる。(中略)人間にとって、世界は生存のために張られた《糸》的構造としてよりも、むしろその《たわみ》において見出された、遊ばれる《空間(すきま)》として開示される。(前掲書、三一頁)

幼児の頃から体験してきた〈たわみの空間〉こそが、本章で問題にする「生きられる空間」の核心をなすものと考えてよい。「生きられる空間」とは、「《たわみ》の世界が人間にとって生の原風景となる」そうした生の風景を実体験できる場所のことである。

3　生の原風景

かつて教育哲学者の堀内守（名古屋大学名誉教授）は、子どもが「生きられる空間」に近いものを「人間形成空間」という斬新な言葉で説明したことがある。そこは、子どもたちの群れ遊びに象徴される〈たわみ〉や〈ゆらぎ〉に満ち溢れた空間である。堀内はこう書いている。

人間形成空間は、線形的な定義を拒む。まさにそれは、「おかしさとかなしさと、あたたかさが同時にこみあげてくるような、それでいてもっと含蓄のある」空間である。それは、場所への象徴的愛着を中核としてなり立っているが、社会的、文化的、生物的、人類学的な局面が入り交じって織りなす空間である。右に述べた「外遊び」、つまり親の管理下から離れ、年齢の異なる子どもが群れをなして虫をとり、穴を掘り、貝殻を集め、木の実を拾い、木に登り、雑草を引っこ抜き、ネコや犬を追いかけ、土や砂をこねくってどろんこ遊びに夢中になり、遊びやルールや、わらべうたを伝承していく空間である。（中略）それは、子どもの活動を通して顕現してくるような空間なのである。（「人間形成の文明論的地平―人間形成空間の構想」『教育学講座』第二巻、学習研究社、一九七九年、一二二頁）

この記述の前には、坪井栄の小説『二十四の瞳』の紹介があるのだが、キラキラと輝く瀬戸内海に浮かぶ小豆島を舞台としたこの小説の映画のワンシーンを彷彿とさせる。「人間形成空間」とは、物理的な等質空間ではない。それは、ある特定の場所をさす概念ではない。むしろそれは、子どもたちが虫取りや木登りに夢中になってする活動の中で開かれてくる「意味空間」（meaningful space）である。いいかえれば、子どもと自然、他者、事物との関わり合いの場所であり、〈たわみ〉と〈ゆらぎ〉をたっぷりと含んだ空間である。

子どもたちの遊び、戯れ、探検活動が開示する偶発的で、多義的で、流動的な空間である。それは、あらかじめ目的と走路（currere、カリキュラムの語源）が定められ、その目的に向かって最短距離をひた走る目的合理的活動では全くない。出口の見えない迷路やジグザグの道草はもちろんのこと、落とし穴すら待ち受ける〈たわみ〉と〈ゆらぎ〉の空間である。

堀内によれば、こうした「人間形成空間」が開示されるのは、人間が、第一に、本来的に「共同存在」であること、第二に、心身の統合体としての「生ける身体」を生きているという二重の理由によっている。つまり、人はつねに他者と共にある共同存在であり、同時に身体性を生きている生命存在である、ということである。人間存在の「共同性」と「身体性」への着目が、堀内の言う「人間形成空間」の構想の根底にある。堀内自身は、そのことを明示していないが、M・メルロ＝ポンティが『知覚の現象学』その他で描き出した現象学的人間理解がその根底に潜んでいることは疑いない。同時に、そこには、C・レヴィ＝ストロースの提唱した構造主義的人類学、例えば「神話的世界」への深い洞察や「ブリコラージュ」(bricolage) に象徴される野性的世界への着眼があることも見逃すことはできない。

高度経済成長期以前の日本は、まだ農山村地域が数多く残されており、そこでは、子どもたちは、つねに他者と共に遊び、戯れ、仕事を手伝い、多世代と共に暮らしていた。遊びでも仕事でもからだの全身を使って活動していた。大人（大供―柳田國男）の周りには、どこでも「子供」たちがまとわりつくように雑居していた。大人たちから見れば、それは「足手まとい」であったはずであるが、しかし、そのお蔭で、子どもたちは、大人たちの仕事や儀礼を無意識のうちに模倣し、内面化し、習得していくことができたのである。現代のように、労働空間、学習空間、遊び空間が截然と仕切られてはいなかったからである。空間の効率的再配置は、仕事の効率化を促進したかもしれないが、同時に、子どもも、壮年、高齢者、障碍者、病人を分断して、他世代、他者の見えない狭い閉域にそれぞれを囲い込む結果を招いた。

4 想像力が膨らむ場所

子どもが生きられる空間、それは、子どもという原初の生命体が、内から湧き起る生命エネルギーを実感できる場所であり、好奇心や驚き、冒険心をもって世界に分け入ることのできる空間である。逆に言えば、労働や生産性、競争などのリアルな現実社会（張りの空間）からは保護された〈たわみ〉と〈ゆらぎ〉を経験できる空間である。

他の動物が、誕生した瞬間から、飢えを凌ぎ、生き残りをかけた生存競争の中に投げ込まれるのに対して、「生理的早産」（A・ポルトマン）で生まれるヒトの子は、約一年間かけて、起立歩行と言葉を獲得する。これによって、手が自在に対象を操作でき、手で自己を表現し、言葉が〈世界〉を厚みのあるものに構築しはじめる。つまり、他の動物のように、種によって特殊化された環境（Umwelt）に固定されない自由で創造的な世界（Welt）を被膜のように構築することができる。この世界構築の自由こそ、まさにヒトの子が固有にもつ特性であり、学びの可能性と文化創造の起動力としてはたらくものである。

子どもの驚きや好奇心、不思議に思う感覚（Sense of Wonder）など、労働や必要から解放された〈たわみ〉と〈ゆらぎ〉に満ちた体験こそが、その後の子どもの学びや文化創造の跳躍台となる。遊び感覚をたっぷり含んだ、この「不思議に思う感覚」の重要性は、いくら強調してもし過ぎることはない。こうした驚きの感覚こそが、あらゆる研究や学びの源であることは、先端研究に取り組む科学者においても、子どもにおいても、全く同じである。これはよく指摘されてきた事実である。

大人の教育的な〈まなざし〉をすり抜けて、隠れ家や廃屋の一室に、自分たちだけのルールをつくって宝物を隠し、大人からは見えない連帯感と仲間意識を育む秘密のアジトがある。そこは、子どもという存在がまるごと承認される場所である。小川や田んぼで、メダカをすくい、ザリガニをとり、トカゲを追いかける。それを何かに役立てようというのではなく、不思議な生き物、得体の知れないもの、気持ちの悪いものに好奇のまなざしを向け、追いかけ、世界の不思議さを体験する。そのような不思議探検の経験が大切なのである。そのようにして、子どもは、未知の奥深い世界に分け入っていく。そこでは、何かに役立つ経験というような狭い功利的意味づけは不要である。

不思議な生き物を追い求めること。うっそうと生い茂った雑木林の中を駆け巡ること。異年齢の子どもたちが群れをなして遊ぶこと。そのこと自体が、子どもの世界体験になる。それは、子どもの生の躍動感覚を呼び起こす。大自然、様々な事物、地域の子どもや若者、大人たちと関わり合うことで、子どもの世界が驚きや不思議さを伴って限りなく広がっていく。

先に紹介した小笠原浩方や堀内守が着目したのは、教師の教えでも、子どもの学習でもなく、群れ遊びという、子どもの日常性や社会的世界そのものである。そこでは、「教えること」や「指導すること」という操作性の世界がいったんカッコに入れられる。子どもはどのような日常性や社会的世界を生きているのか。教育や指導を受ける前の、子どもが生き生きと活動する原初の世界、彼ら／彼女らの「生きられる世界」とは何かが「すき間」や「人間形成空間」という新しいパースペクティブで瑞々しく浮かび上がってくる。

堀内は、この新しい切り口を使って、学校の子どもではなく、地域で群れ遊びに興じる子どもを見つめ、合理的思考の発達ではなく、神話的思考の奥深さを示唆し、個の自立ではなく、世代間伝承と関係の輪の中でたくましく育つ子ども世界を浮かび上がらせようとした。それは、モダニティ（近代化）の進行とそれを担う学校教育の視界からは無意識のうちに排除されてきた世界に他ならない。

子どもが生きられる世界を具体的に描写するならば、学習塾はもとより、学校のように、目的合理的に管理された〈張り〉切った空間ではなく、時間がゆっくり流れるフリー・スペース、地域における年中行事のように、〈すきま〉や〈たわみ〉のある空間、あるいは冒険遊び場のような子どもの想像力によってどんな活動も自在に展開できるフレキシブルな空間づくりを考えていく必要があるだろう。それは、美術館や博物館であっても同じことである。子どもがそこで、既存の秩序の枠組みを単に学ぶだけの場所ではなく、むしろ既存の秩序の枠を乗り越えて、子どもの生命と想像力が無限に広がっていく世界の起点となる場所をこそ設計していく必要があるだろう。

5　学校の外で子どもが生きられる空間を――結語にかえて

建築学者の仙田満（東京工業大学名誉教授）は、子どもの遊び空間を論じる中で、いじめが生じるのは、その場所が「閉鎖された空間」であることが多いと指摘する（シンポジウム「いじめと環境」、提案レジュメ、こども環境学会、2007.3.21）。学級における弱いもののいじめは、閉ざされた教室の中で、毎日五〜六時間も過ごさなければならない子どもたちの息苦しさと微妙につながっている。軍隊であれ、徒弟修行であれ、学校であれ、閉ざされた空間の中に長期間おかれた人間は、心理的な閉塞感と自己抑圧感を募らせる。このイライラ感が、身近にいる弱者への攻撃につながる。朝のラッシュアワーに、満員電車に長時間押し込められていると、確かにイライラ感が募り、誰かが靴を踏んだりすれば、不快感が爆発しかねない。

いま日本の子どもたちは、大自然、他者、なまの事物から切り離されて、学校という階段を上る長いトンネルの中に置かれている。大自然から切り離され、小刀のように操作の熟練を要する事物から切り離され、赤ちゃんから高齢者までの多種多様な世代からも切り離されて、そのからだは孤立して、勉強とメディアの世界に呑み込まれてしまったように見える。その結果、様々な植物の芽吹きや動物の体温を知らず、身近な道具の操作方法を知らず、乳幼児や高齢者の世界を知らずに大人になる。

たしかに、学校で身につけた学力や記号的な情報処理の力は高いかも知れない。しかし、国際的にみて、日本の子どもの自尊感情は相変わらず低く、困難を抱えた身近な他者へ配慮も決して高いものではない。「大人になること」、「人の役立つことをする」という社会的感覚すらも希薄な子ども、若者が多いのである。

それは、決して学校教育に問題があるせいではない。むしろ逆で、すべてを学校に依存し、学校に丸投げ状態で、子どもの教育を考えてきた結果なのではないか、と筆者は考えている。学校にすべてを依存するのではなく、学校にできることとできないことを仕分け、学校にできないことは、家庭、地域を含めて、社会全体において子どもを育てていくという合意形成が急務である。

子どもたちが夢を膨らませ、自尊感情を育み、社会に積極的に関わっていく知恵と勇気を育てるには、「子どもが生きられる空間」に象徴される様々な居場所や活動の場所が社会の随所に点在していなければならない。それをうまくコーディネートする人材も養成しなければならない。その意味では、これからの社会教育は、自治体の首長部局のまちづくり政策に発信すると同時に、教育委員会の学校教育部との意思疎通や連携もますます必要になると考えられる。

第2章　学校空間をひらく――〈ホモ・ディスケンス〉が育つ場所

『教育デザイン研究』を発行する横浜国立大学教育デザイン研究会は、二一世紀のグローバル化社会を見据《みす》えた新しい時代の教員養成のあり方を学際的に研究する学術団体である。本章では、この研究会で行った基調講演をふまえて、これからの時代は、どのような学校像が求められるのかを考えてみたい。どのような教師が求められるのかという問題は、どのような学校が「よい学校」なのかという問題と切り離すことはできない。そこで、少し遠回りをするかたちになるが、これからの時代の学校像を問うという問題設定をしながら、教師教育のあり方を提案する結論を導き出したい。

広田照幸の著書に『自由への問い、教育』があるが、そのサブタイトルは、『せめぎあう「教える」「学ぶ」「育てる」』である（広田照幸、二〇〇九）。教育問題を論じる際に、論者の実践的スタンスに応じて、教師が「教える」ことの重要性を強調する視点、逆に、子どもが「学ぶ」力を養おうとする視点、むしろ「教える—学ぶ」論議に隠蔽されてしまう子どもの内発的な「育ち」をこそ中心に据えようとする視点などに分かれて、互いに他を排斥し合うという論調が見られる。それは、論者の基底にある〈まなざし〉の違いを無視して、同一平面上で教育論議が戦わされるからである。それは生産的ではないと私も考える。必要なことは、「教える」「学ぶ」「育てる」という視線の異なったトライアングルの状況を浮かび上がらせ、これらの全体を説明できる構図を創出することであろう。
本章は、その一つの試みである。

1 ホモ・ディスケンス (homo discens) が育つ場所

人間形成過程に介入する意図的教育

学校の問題を語る際には、それを人間形成の問題として捉えることが必要である。それでは、「人間形成」(Menschenbildung) とは何か。筆者は、ある辞典で「人間形成」の項目を執筆し、次のように説明した。

『教育』と同じ意味で使用されることが多いが、その差異を強調する場合には、次のように説明される。誕生から死に至るまでのライフサイクルにおいて、子どもがどのような環境下で、意図的教育や無意図的影響・感化を受けて育ち、大人になり、老いて死を迎えるか、その人間の意識変容を内外において形づくるプロセスの全体を人間形成と言う。（高橋、二〇〇九、三九三頁）

さらに続けて、次のようにも書いた。

『教育』が主に子ども期、青年期に焦点をあて、意図的、計画的なはたらきかけを意味するのに対して、人間形成の概念は、社会化、文化化、影響、感化、出会いなど、偶然的で無意識的な形成要素をも含み込む。『教育』（education）の概念が、そのラテン語（educo 引き出す）の語源からも明らかなように、開発する、引き出すという、外部からの開発行為に傾きがちであるのに対して、人間形成の概念は、ドイツ語の Menschenbildung（人間形成）に見られるように、一八世紀ドイツの新人文主義が強調した自己形成、自己生成の要素が多分に含まれている。（前掲書、三九三頁）

「人間形成」（Menschenbildung）という概念は、ゲーテ（J.-W. von Goethe）の生命思想に典型的に見られるように、植物が地下の水分や養分を吸収して自己成長を遂げ、葉や茎を広げ、その形を自己増殖していくと考えるドイツロマン主義に流れ込む思想潮流を背景にもつ概念である。「教育」（education）がどちらかといえば、開発、発達、達成といった直線的向上、もしくは螺旋的上昇のイメージが強いのに対して、人間形成の概念は、生の自己組織性とそのプロセスで直面する病、挫折、老い、死といった人生における断絶や非連続、崩壊と再生を色濃くイメージさせる概念である。

以上のように、「人間形成」と「教育」を区分けして考えるならば、「教育」は「人間形成」の内に含まれる概念であると言うことができる。無意図的影響や感化による人間形成過程の一部として、意図的な「教育」行為が含まれると考えられる。それは、子どもは、家庭、地域社会の中でも、すでに学んでおり、その自然な学びを問い直し、さらに一層深める場所として学校を位置づけるという見方に他ならない。

この見方は、学校に通わなければ、子どもは学べないと見る常識的な教育観とは対立するだろう。しかし、実はそうではなく、鳥山敏子も指摘するように、子どもは学校の外で実に沢山のことを経験し、学んできている(真木悠介・鳥山敏子、一九九三、p.p.139-140)。そこには、むろん誤った知識や偏見も数多く含まれているに違いない。学校は、そうした先入見や偏見の入り混じった情報の蓄積物をふるいにかけ、吟味し、知識の真偽を自分で見分ける力を磨いていく場所なのである。

そう考えるならば、意図的教育機関としての学校は、それ自体で完結するものではなく、子どもの日常生活における諸経験を前提とし、それによって色づけられた思考や感覚を再度問い直し、学び直していく場所であることがわかるだろう。経験によって、形づくられた思考や感覚を再度問い直す営みが「学び」なのである。つまり学びとは、空っぽの容器に角砂糖を一個一個いれていくように、何か新しい知識を蓄積していくことではない。そうではなくて、それまで培ってきた知識を入念に更新(renewal)していく知の自己更新の営みに他ならないのである。「学ぶ力」とは、知の自己更新の力の中核をなすものなのである。

ホモ・ディスケンス

子どもは、「ホモ・ディスケンス」(homo discens)である、という主張を、私は折に触れて述べてきた。discensの語源は、ラテン語のdiscereで、学ぶ、(聞いて、読んで)知る、理解する、研究するという意味である(國原吉之助、二〇〇五『古典ラテン語辞典』大学書林、p.214)。それはまた、英語のdis-coverとも語源を共有する語で、覆われていたカバーを剥ぎ取るという意味である。文字を覚える、計算の仕方を知るというのも、単なる実用だけの話ではなくて、文字や計算の仕方を知ることによって、それらを知らない時の狭い世界から脱皮し、新しい世界が開かれてくることを意味する。

このように、「学ぶ」ということは、知識や技能を単に「身に付ける」という知的道具の所有にとどまらない深い意味をもっている。それまで生きてきた狭い世界から抜け出して、もう一つ別の世界が見えてくるという意味を含んでいる。

「ホモ・ディスケンス」と対になる概念は、「ホモ・エデュカンドゥス」(homo educandus)で、「教育を要するヒト」という意味である。この〈homo educandus〉に関しては、教育学者の間でも、若干ニュアンスの異なる二つの意味が付与されている。

オランダの教育学者M・J・ランゲフェルド(Langefeld, M. J.)は、幼い子どもは、親による保護と養育が必要で、乳幼児の頃に家族の中で丁寧な養育を受けなければ、その後の精神的自律は難しいと考えた(ランゲフェルド、一九七三、p.153)。両親による手厚い保護と養育が必要な子ども。それが、ランゲフェルドの言う〈homo educandus〉である。まさしく福祉国家オランダの教育学者にふさわしい子どもへの慈愛に満ち溢れたまなざしである。

これに対して、南米で活躍した神父のI・イリイチ(Illich, I.)は、ラテン・アメリカにおける国家政策としての義務教育の普及は、同時に、子どもたちを農耕・牧畜型の自給自足の生活から引き離し、貨幣経済を中心とした産業社会を担う生産主義的な生き方を刷り込ませていくと考えた。その結果、人々の間に、学校へ通わなければ、学歴や資格を得られず、学習もできないと考える学校依存の心性を生み出してきたと批判する(イリイチ、一九九一、p.92)。

ここでは、〈homo educandus〉とは、学校での学習を功利主義的に理解し、学校に通わなければ、何も学べず、家庭や地域における様々な経験は、学びにおいては無価値に等しいと考えてしまう見方を指している。これは、一九七〇年代以後の脱学校論の引き金となった主張であることは指摘するまでもない。

このように、〈homo educandus〉は、ランゲフェルドのようにも、イリイチのようにも受け取られる概念であるが、筆者は、以前から、両者とは距離をおく見方をとってきた。すなわち、この概念を、すでに述べた「自ら学ぶヒト」〈homo discens〉との対概念で使用し、子どもを「教育されなければ学べないヒト」と見る教育万能主義を表す概念として理解してきた。それゆえに「自ら学ぶヒト」としての〈homo discens〉の重要性を主張してきたのである。

子どもを保護、教育することよりも、子どもに自律生活と自立活動を促し、日常生活の中で、自然、様々な他者、事物と関わり合い、学び合い、考え合い、深く感じ取る感受性豊かな生活の重要性を指摘してきた。ヒト、自然、モノと関わること、それが、学びの出発点であると考えてきた。

『我関わる、ゆえに我あり』という地球システム論の文献（松井孝典、二〇一二）があるが、知ること、考えること以上に、関わることこそが、子どもという存在の学びの核心であると考えられる。〈homo discens〉とは、そのように「関わり合いながら生きる」子ども、若者、大人を指している。

変動する社会と学びの重要性

臨時教育審議会最終答申（一九八七年）以降、学校では、再び「学ぶ主体」が重視されるようになった。生涯学習論の広がりもあり、学校教育は、生涯にわたる自己学習のための基礎づくりとして位置づけられてきた感がある。もちろん、よき国民、よき市民になる、よきビジネスマンになることも重要ではあるが、子ども・若者の人生という当事者の側に立って考えるならば、「生涯にわたって学び続ける力」、「よき自己形成を続けるための教養」を磨いていくことが、これからの学校の第一の責務ではないかと考えられる。それでは、〈homo discens〉を育て、生涯にわたって自己形成し続ける力を養うための教育とは、どのような教育になるのか。

2 「共に生活し学ぶ空間」としての学校

生活空間と学び空間

子どもが「育つ」には、子どもたちが互いに関わり合い、「育ち合う場所」(topos) が必要である。そこは、同世代ばかりでなく、多世代の者が関わり合い、コミュニケーションし合い、学び合う場所であることが必要である。学校を単に学習の場だけでなく、生活の場としても捉えていくことが必要である。

現代のように高度にシステム化された社会では、あらゆる社会機関がムダをそぎ落とし、機能的合理性を発揮するようシステム化される傾向にあるが、こと学校に関しては、学習の効率化を進めるだけでは、子どもの自分から学ぶ力は育たない。なぜなら、学びを高める要因の根底には、家庭であれ、学校であれ、子どもが生活する集団の中に、学びに積極的に取り組む風土や気風が培われていかければならないからである。子どものからだを包み込むこの文化的風土の支えがあってこそ、自ら学ぼうとする意欲やチャレンジ精神も育まれる。

子どもたちは、学校という場所（トポス）で、他者と関わり合いながら学び、活動し、からだを動かし、遊び、会話して、生活している。子どもの視線から見れば、学校は、学びの場であると同時に、学級仲間や部活の仲間たちと関わり合う生活の場でもある。授業での学び以前に、子どもの学びを促す開放的で、活動的な学級風土が培われていることが必要である。そのことは、次のような調査結果からも明らかである。

藤沢市立教育文化センターでは、一九六五（昭和四〇）年から五年ごとに、藤沢市内の中学三年生全員の学習意識を調査してきた。二〇一〇年度の調査の中に、下の表のような結果がある（藤沢市立教育文化センター『第一〇回、学習意識調査報告書』二〇一一、p.66）。

教師の〈まなざし〉から見れば、学校は年間指導計画に従って、学習指導と生徒指導を計画的に行う目的合理的＝戦略的な場所である。ところが、そこに通う中学生の〈まなざし〉から見れば、学校は、平日の大半（七〜八時間）を親しいクラスメイト、友達と一緒に過ごす場所として感じられている（下表参照）。通わなけ

「学校の中で、あなたが一番大切に思うのは、次のうちどれですか？」

	勉強	友達づきあい	部活動	その他
男子（%）	12.9	67.9	13.1	5.7
女子（%）	13.1	72.4	9.0	5.0
全体（%）	13.0	70.1	11.1	5.4

ればならない場所という義務感すらない。みんなが居るからそこへ行く場所。不登校の子どもは、勉強がイヤだから行かないのではなく、そこに、仲間とともに過ごす場所（居場所）がなくなったと感じるようになったから行かないと考えるべきであろう。

カリキュラム開発においては、到達目標を明確化して、その目標に至る方略を工夫するプログラム的思考も必要ではあるが、子どもたちが学校へ行くことを楽しみと感じ、クラスメイトと一緒に生活し、学びやスポーツにチャレンジする意欲や好奇心を喚起するプロジェクト的思考を働かせることの方がはるかに重要であると考えられる。

なぜなら、子どもたちにとっては、生活空間の方がより基礎的だからである。学び空間は、その基礎に支えられて立ち上がる空間である。その意味では、学びを豊かにするためには、その土台となる子どもたちの学校生活を豊かにしていくことが不可欠なのである。学校生活という土台が貧弱な状態では、豊かな学びも達成できない。

それでは、「共に生活し学ぶ空間」とはどのようなものか、考えてみたい。小学校一年生の国語の教科書を想定して編まれた谷川俊太郎・大岡信・安野光雅・松井直編著『にほんご』（一九八四年）の導入部分（p.p.22-23）で語られている短い詩は、そのヒントを与えてくれる。

かずこが　といかける。

せんせいが こたえる。
しらないこと　わからないこと　ふしぎにおもうことは
どんどん せんせいに きいてみよう。
せんせいが といかける。
あきらが こたえる。
せんせいにだって　しらないこと　わからないことがある。
せんせいに　どんなことを　おしえて あげられるかな？

かずことあきらは、入学したばかりの小学一年生。ここでは、小学校は、先生が一方的に知識を伝える場所とは考えられていない。子どもと教師、子どもと子どもが互いに応答し合いながら、文化的世界に参加していく行為が学びである。そのような文化的世界への道行きを実現する場所が学校と考えられている。子どもと子ども、子どもと教師が応答し合い、疑問を出し合い、答えを模索しながら、共に学び合う場所、それが学校である。このように他者と関わり合いながら、子どもたちは、文化的世界に参加していく。それが学びであると『にほんご』の著者たちは考えているようである。

このように、学びとは、他者と関わり合いながら、一歩一歩文化的世界の奥深さに参加していく行為なのである。この文化的世界には、もちろん自然科学、人文科学、社会科学、芸術、技術、スポーツ等があるが、こうした世界を我が物とすることによって、子どもは狭い経験的世界を抜け出して、より広い世界に足を踏み入れることができる。

「経験知」から「探究知」へ

すでに繰り返し述べたように、子どもは学校で学ぶ以前に、家庭生活、地域生活、メディア等を通して、すでに多くのことを学んでいる。日常生活に即したかたちで、情報知（information）や技能知（skill）を獲得している。しかし、日常生活では、日々の問題処理や興味本位で終わることも少なくないために、知そのものの徹底した理解や探究、創造的、創作的レベルにおける活動は生じにくい。日常生活の中だけでは、子どもは、「経験知」のレベルでしか、知の探究を経験できない。

フランスの教育哲学者 ルブール（Reboul, O.）は、知の性格を、それぞれの問いのレベルに応じて、以下の3段階に分けている（ルブール、一九八四、p.p.2-3）。

①knowing that（情報）　「AがBであることを知る」

↓

②knowing how（技能）　「〜ができる」

↓

③knowing why（構造的理解）「ある事象を構造的、体系的に理解する」

周知のように、イギリスの哲学者G・ライル（Ryle,G.）は、knowing that（〜を知っている）とknowing how（〜ができる）を峻別し、新たに何かを知るということは、その何かが「できるようになること」に他ならないと説いたが（ライル、一九八七年）、ルブールは、そのレベルで終わることに満足しなかった。それは、アングロサクソン文化に特有の知のプラグマティックな理解の有する限界を指摘したかったからであろうと考えられる。何かを知るということは、その何かができるというだけでないとして、さらにその上に、「その事象を構造的、体系的に理解し、説明できる」という「構造的理解」のレベルを付け加えた。この問題を具体的に考えてみよう。

例えば、社会科で、中学生が、「明治維新が一八六八年になされたこと」を学ぶ。明治維新とは、「徳川幕藩体制から明治新政府による中央集権的統一国家成立と資本主義化の出発点となった一連の政治的、社会的変革」（『大辞泉』）であると一般に説明される。これらの内容をそのまま復唱したり、解答用紙に書き写したとすれば、それは、情報知（knowing that）のレベルの知り方でしかない。

それを、技能知（knowing how）のレベルで知るには、それまで藩に召し抱えられていた武士たちが、廃藩置県によって、藩から追い出され、商人、職人、農民などになって自活の道を選ぶしかなく、氏《うじ》素性や出身身分よりも、個人の才覚や能力の方がものを言う時代になったことを、具体例をあげ、イメージ豊かに説明できなければならない。武士から商人になった男たちが、相変わらず威張り腐って商いし、結局は店をたたむような「武家の商法」の現実が随所に起きた事実を実感をもって、理解できなければならないだろう。「明治維新」という概念は、こうした厳しい現実を伴いながら突き進む歴史の一断面であること、これが、技能知レベルの知り方である。しかし、すでに述べたように、ルブールは、このレベルの知でも満足しなかった。

さらに明治維新は、日本の歴史において、どのような意味をもつのかという「構造的理解」(knowing why)のレベルに至らなければ、「明治維新」を本当に知ったとは言えないと、ルブールは考える。これは、明らかに学問そのものの問いかけそのものにほかならない。ルブールは、子どもが、学校で学ぶということは、単なる情報知、技能知のレベルにとどまらず、「構造的理解」という「探究知」のレベルにまで突き進むことのできる知を磨き上げることであると考えている。この知のレベルは、「明治維新とは何か」を問う本質理解のレベルであり、日本近代史の専門家の間ですら、未だ決着のついていない問いに他ならない。

明治維新によって、日本の近代化の突破口が開かれたとする立場もあれば、これによって、国民国家が成立した、逆に、これによって、幻想的な西洋崇拝が生まれ、日本人の神仏信仰や醇風美俗が破壊された、もしくは、和魂洋才という便利な二重生活が始まった等々、様々な見解が成立しうる。こうした探究的な知り方を学ぶには、学校以外の場所では難しいであろう。

ルブールによれば、学校とは、単にバラバラな情報と技能を子どもに身につけさせる場ではなく、現実の諸事象を「学問的、構造的に理解し、合理的に思考できる力」を子どもたちの中に磨き上げる場所である。このような体系化され、構造化された知識を「理解する力」は、学校以外の場所では身につけられないと考えた（ルブール、一九八四、p.161）。

このように、知というものを、情報知、技能知、探究知の三層で構造的に説明するルブールの学習論は、子どもの学びと学校のあり方を考える際には、重要なヒントを与えてくれる。それでは、「探究知」（knowing why）をしっかりと鍛えてくれる「学びの空間」とはいかなるものか。最後に、この問題を考えてみたい。

3 「経験の空間」（Erfahrungsraum）としての学校

経験の空間

ドイツにおけるオープンスクールの先駆的実践者のH・フォン・ヘンティッヒ（H.von Hentig、一九二五〜、ビーレフェルド大学名誉教授）の学校改革論を取り上げてみたい。ヘンティッヒは、ドイツで最も学校現場に影響力のある教育学者の一人である。ゲッティンゲン大学、シカゴ大学で古典文献学を学び、ツキジデス研究で学位を取る。チュービンゲンでギムナジウム教師及びギムナジウムのカリキュラム改革に携わった後、ビーレフェルド大学に招かれ、一九七〇年代に設置された大学附属実験学校のカリキュラム改革と実践に深く関わる。

ヘンティッヒの学校論の基本的な立場は、その著『現実が徐々に消滅する』(*Das allmähliche Verschwinden der Wirklichkeit*, 1987)という著書のタイトルに象徴されている。高度情報社会は、日常生活から様々な関わり合いによるリアルな現実を消し去って、バーチャルなメディア世界を構築してきた。学校とは、こうした情報化・消費社会化の波による「現実消去」に対する「対抗文化」(Gegen-Kultur)として再構築されなければならない。すなわち、学校は、子どもたちが、他者と関わり合い、自然と関わり合い、事物と関わり合う場所、つまり多種多様な経験のできる「経験の空間」とならなければならないとヘンティッヒは考える。

学校とは、子どもが家庭、地域で経験的に学んできた内容を、学び直す場所(トポス、ポリス)である。単なる情報、スキルではなく、子どもたちが、実物と向き合い、実験を行い、実体験を重ねることで、子どもの中にルブールの言う「探究知」(knowing why)が深まる。

ヘンティッヒによれば、子どもは小さな生活者であり、小さな市民(Civilitas ラテン語＝Bürger ドイツ語)である。子どもが学校という「経験の空間」に通うのは、諸教科を学びながら、自然、事物、他者と深く関わり合い、アクチュアルな文化的世界に参加し、よき市民(Civilitas)としての資質を獲得していくためである。これからの社会は、よく指摘されるような「知識基盤社会」(knowledge based society)

というよりも、むしろ不確実で流動化の激しい社会になることが予想される。コンピューター・リテラシーも確かに必要であるが、それ以上に必要なことは、互いに他者を認め合いつつ、納得のいく「よい人生」を送るための知恵と感覚である。「経験の空間」(Erfahrungsraum)としての学校(小学校の場合)では、以下の点を重視したカリキュラムが構成される(Hentig, 1973, S.55)。

1. 認識の道具としての科学ばかりでなく、ある対象に取り組み、秩序づけ、参加し、応用するという経験もまた授業を構成するための重要な原理となる。
2. 授業が、日常生活における問題解決に向けた触発、練習、問題の発見とその解決過程としての作業プロジェクトを中心に展開されること。
3. 学校という空間が、子ども一人ひとりの経験の履歴を吟味し、変更し、あるところは強化し、ある経験は補強していく社会化の場所として考えられていること。
4. ここでは、子どもたちが相互に経験を交換し合うための場所設定やその調整者としての教師という、教師の新しい役割を見出すことができる。
5. 教室では、子どもに対して、学習手段や学習援助を行うことで、子どもの能力をできるだけ多面的に活用できる学習空間を構成すること。
6. 個々の子どもが、自由な想像力をめぐらすことで、学校という空間を、いつでもお話やドラマ、自己表出の場に切り替えていくことが容易である。

子どもたちが活動し、疑問を抱き、自分たちで様々な事象を調べ、観察し、報告し合いながら、実生活と同様な仕方で問題探究が進められていく学校。こうした学校のことを、ヘンティッヒは「経験の空間」と呼ぶのである。そこでは、教師による「教授」(Unterricht)や「教え」(Belehrung)も、子どもたちの探究活動の中の一コマとして組み入れられていく。

ヘンティッヒは、小学校における重要な経験として、下記の五つの「関わり合い」(Umgang)を挙げている(Hentig, 1985, S.166)。

①自己と他者との関わり合い
②人間と事物との関わり合いⅠ—観察する、測量する、比較する、実験する
③人間と事物との関わり合いⅡ—遊ぶ、想像する、表現する、造形する、創作する
④自分のからだとの関わり合い
⑤語られたり、書かれたり、考え出された文化世界との関わり合い

学校とは、こうした「関わり合い」を中心に学習が進められていく場所である。ヘンティッヒは、こう書いている。

「学校は、人類が蓄積してきた諸経験と、その中で獲得された『よい人生』を送るための価値基準を示すと同時に、不確実な未来において必要となる道具的知識や手段を準備する」(Hentig, 1973. S.15)機

関である。「よい人生」を送るための価値基準を自分のものにし、ますます流動化し、不確実な未来の中で、他者とともにしっかりと生きてゆける力を磨く場所が学校である。だから、そこでは、子どもは、自分の興味、関心だけでなく、他者とともに様々な問題を探究することが必要になる。ヘンティッヒは言う。

「学校は、経験の空間でもあるという主張は、古くからあり、何度も繰り返されてきたものである。コメニウス、ルソー、ディスターヴェーク、デューイ、クルト・ハーン、アレクサンダー・ニール。彼らは、いわゆる制度化された教育や教授形態によって、子どもや青年の経験の可能性が埋没させられているのを、掘り起こそうとしたのである。彼らは、ルソーに限らず、子どもの経験の可能性という固有の基準や施設を提唱することで、社会からの教育への過剰な要求に対して、一定の歯止めをかけ、子どもを救おうとしたのである。」(Hentig, 1973, S.15)

子どもが、自然、他者、事物と関わり合いながら、学んでいくことは、一方で、ヘンティッヒも言うように、すぐに役立つ人材養成という社会からの過剰な要求や期待に歯止めをかけると同時に、一人ひとりの子どもたちに固有な経験の蓄積を促し、その意味づけの深まりを見守ることができるという長所がある。

様々な問題と関わり合いながら、「探究知」を深め、〈創造的、創作的、表現的なパフォーマンスの力〉を磨く場所としての学校。労働から解放された子ども・若者が、知的世界の奥深さ、万物が存在することの驚異と不思議さを存分に味わい、世俗的な効用を超えた教養世界を体験すること。つまり、世界を創造的、創作的に発見する人間、これが、筆者の主張するホモ・ディスケンスであるが、ヘンティッヒの学校論も基本的にこうした学びのできる人間を育成しようとしていると言える。

4　これからの教師に求められること——結語にかえて

創造的な学びの場をプロデュースする力

「人間形成」と「教育」、「ホモ・ディスケンス」、「ともに生活し学び合う学校」、「経験の空間としての学校」について考察してきた。これらのキーワードに共通することは、子どもは、学校以前、学校外部でも様々な関わり合いを通して学んでいるという事実であり、学校は、そうした日常生活で学んだ内容の真偽をふるいにかけ、省察的（reflective）に問い直し、手もちの知識をより正しいものに更新していく場所である。

こうした作業を行うには、対話的に吟味し合う他者が必要である。思考するということは、自己内対話に他ならないから、やはり他者が想定されている。他者と関わり合い、対話し合い、意見を出し合い、吟味し合う場所が、学校という場所《トポス》であるならば、教師に求められることは、そうした対話、学び合い、関わり合いの場を創出し、コーディネートできる創発的知性 emergent intelligence である。一言でいえば、子どもたちの創造的な学びをプロデュース（創出）できる力である。それを、もう少し具体的に言うなら、学びの場をコーディネートできる力である。

そこでは、子どもたちは、学びという自覚なしに、問題に気づき、取組み、その解決策を考え合っているはずである。教師と生徒という意識すら消えているはずである。子どもたちが「共に学び合う場」を構想し、設計し、場を盛り上げ、演出する力が教師には求められる。企画力と演出力。「教える」とは、子どもとの一対一対応の関係（長良川の鵜匠と鵜のような関係）ではなく、一つひとつのプロジェクトに、子どもたちがグループ単位、クラス単位で取り組み、試行錯誤しながらやり遂げる「関係成長の力」（助け合い、学び合う力）を引き出すこと。そのためには、日常的な受容的、支持的風土づくりと、失敗を恐れず何にでもチャレンジできる学級づくりが下地として重要になる。

先に紹介した藤沢市立教育文化センターの質問調査で、興味深い結果が出ている。「学校で、次のような授業をどのくらい期待していますか？　どれか一つに〇をつけて下さい」という設問に対する生徒たちの回答は次頁の表の通りである（藤沢市教育文化センター、二〇一一、p.42）。

この結果を見ると、中学三年生が期待する授業のベスト三は、①「楽しくリラックスした雰囲気の

学校の授業に対する期待度

	非常に期待する	少し期待する	あまり期待しない	まったく期待しない	無回答
①将来役立つ知識や技術を身につけられる授業(%)	49.5	37.8	9.1	3.1	0.4
②楽しくリラックスした雰囲気の授業(%)	57.6	29.4	9.3	3.4	0.4
③自分の興味や関心のあることを学べる授業(%)	52.4	33.0	10.1	4.1	0.4
④生徒の意見を受け入れてくれる授業(%)	42.3	40.9	12.8	3.7	0.4
⑤教科書の内容をきちんと教えてくれる授業(%)	39.5	42.2	14.1	3.8	0.4
⑥学校の外で見学・体験できる授業(%)	51.7	29.0	13.6	5.2	0.4
⑦何を勉強するか選べる授業(%)	44.7	32.6	16.8	5.5	0.4
⑧けじめがあって集中できる授業(%)	24.1	49.3	20.5	5.7	0.3
⑨自分たちで課題をみつけ、考えたり、調べたりする授業(%)	16.2	40.2	33.6	9.7	0.4

授業」、②「自分の興味や関心のあることを学べる授業」、③「学校の外で見学、体験できる授業」の順である。ここで、注目したいのは、「自分たちで課題をみつけ、考えたり、調べたりする授業」が何と最低の期待値であるという結果である。

リアルな問題、課題に取り組む学び

子どもたちは、「自分の興味や関心のあることを学べる授業」は、「非常に期待する」と「少し期待する」を合算すると、八五・四パーセントの高い支持をしている。にもかかわらず、「自分たちで課題をみつけ、考えたり、調べたりする授業」は、合算しても五六・四パーセントの支持率で、選択肢の中では最低である。これはどう考えたらよいのだろうか。

生徒たちは、「自分たちで課題を見つける」ような教育を受けてはこなかったから、イメージ化できないのではないか、というのも一つの理由であろう。しかし、ここには、まさに消費社会に育った現在の子どもたちの生活感覚（つまり消費者感覚）が如実に出ているのではないか、と私は考える。すなわち、幼い頃から「小さな消費者」として育った子どもたちは、自分の個人的な好みや興味があることには、学びのアンテナも鋭敏に働く。しかし、自分たちで話し合って課題を見つけ出し、必要な事柄を、分担して調べ上げるような共同作業の授業は苦手である。個人的興味、関心のある事柄は学びやすいが、問題や課題を自分で見つけ出す学びは不得手である。

「自分たちで課題を見つけ、考えたり、調べたりする授業」への期待値が低いのは、こうした形態の授業が少ないせいばかりでなく、消費的環境の中に置かれてきた子どもたちの事情が強く反映していると考えられる。情報・消費社会を批判するヘンティッヒの視点に立って考えるならば、こうした問題状況が浮かび上がる（Hentig.H.v. 1987; 高橋勝、二〇〇六）。

しかしながら、すでに述べたように、これからの学校は、まさに「自分たちで課題を見つけ、考えたり、調べたりする授業」にもっと力を入れていかなければならない時代となった。ＰＩＳＡ型学力は、様々にありうる「アクチュアルな学び」を先導する一つの事例に過ぎない。上述のように、一九七〇年代から、他者との「関わり合い」、「対話」と「探究知」の育成を中核とする学校空間の創出が、すでに強く求められてきた経緯があるからである。教師たちは、日本の子どもたちの学びの姿勢が、未だに受け身的で、問題や課題発見に抵抗があるという現実に気づかなければならない。子どもたちのこうした厳しい現実を直視した上で、それを乗り越えられる創造的でアクチュアルな「学び空間」を構想し、実践できる力が、いま学校教師たちに求められている。

【参考文献】

Hentig.H.v.：*Schule als Erfahrungsraum?* Eine Übung im Konkretsieren einer pädagogischen Idee. Stuttgart, 1973.

Hentig.H.v.：*Eine Antwort an Theodor Wilhelm.* in.'Neue Sammlung. 25, 1985.

Hentig.H.v.：*Das allmähliche Verschwinden der Wirklichkeit. Eine Pädagoge ermutigt zum Nachdenken über die Neuen Medien.* München, 1987.

M・J・ランゲフェルド、和田修二監訳『教育と人間の省察』玉川大学出版部、一九七四年。

和田修二・皇紀夫・矢野智司編『ランゲフェルド教育学との対話』玉川大学出版部、二〇一一年。

I・イリイチ、桜井直文監訳『生きる思想』藤原書店、一九九一年。

O・ルブール、石堂常世・梅本洋訳『学ぶとは何か――学校教育の哲学』勁草書房、一九八四年。

G・ライル、坂本百大・井上治子・服部裕幸訳『心の概念』みすず書房、一九八七年。

谷川俊太郎・大岡信・安野光雅・松井直編著『にほんご』福音館書店、一九八四年。

高橋勝『情報・消費社会と子ども』明治図書、二〇〇六年。

高橋勝『経験のメタモルフォーゼ――〈自己変成〉の教育人間学』勁草書房、二〇〇七年。

高橋勝他編『教職用語辞典』一藝社、二〇〇九年。

高橋勝編『子ども・若者の自己形成空間――教育人間学の視線から』東信堂、二〇一一年
広田照幸『教育――せめぎあう「教える」「学ぶ」「育てる」』「自由への問い」第五巻、岩波書店、二〇〇九年。

藤沢市教育文化センター『第一〇回、学習意識調査報告書――藤沢市立中学校三年生の学習意識』、二〇一一年。

真木悠介・鳥山敏子『創られながら創ること――身体のドラマツルギー』太郎次郎社、一九九三年。

松井孝典『我関わる、ゆえに我あり――地球システム論と文明』集英社、二〇一二年

第3章 「子どもの世紀」という逆説
――「子ども」を大人から差異化する視線

「二〇世紀は、子どもの世紀である。」

これは、二〇世紀の冒頭に、スウェーデンの著名な社会運動家、エレン・ケイ(Key, E. 一八四八〜一九二六)が、その著書『子どもの世紀』(一九〇〇年)の中で述べた言葉である1。

これまで子どもは、大人の都合で働かされたり、大人の所有物のようにみなされてきた。しかし、これからは、大人とは異なった固有の存在であることが承認されなければならない。未来を担う者としての子どもは、十分な保護と教育を受ける権利を有する。こうしたメッセージに彩られた本書は、欧米および日本における新教育、とりわけ「児童中心主義の教育」を信奉する教育者たちからはバイブルのように崇められ、読み次がれてきた。

子どもは大人の単なる縮小コピーではない。子どもには子ども独自の世界があり、大人とは質的に異なった存在なのだ、という主張がここにはある。それまでは、大人の世界に包摂されていた子どもが、大人の世界から引き離されて、「子ども」としての独自性が強調されるようになった。一九世紀末から二〇世紀初頭にかけて、欧米各地で展開された新教育運動（New Education Movement）の中で、子どもを大人から差異化する〈まなざし〉が構築され、定着してきた。

ほぼ一九七〇年代半ばまでの日本の教育界においても、「子どもの発見」と「児童中心主義」は広く受け入れられてきたといえる。しかし、本章で詳述するように、大人と子どもを差異化して線引きするという思考の背後には、「発達」や「開発」を歴史の進歩と見るフィルター（進歩史観）が潜んでいる。近代化と工業化の時期には、こうした「社会進歩の物語」に疑問を抱く者は少なかった。この時期には、まさに大自然と子どもが「開発」の対象としてみなされ、その内に眠る資源や能力の開発が当然のこととして行われてきた。大人はすでに手遅れであるが、子どもにはまだ無限の可能性が眠っている。それを引き出すのが教育者の役割なのだ、という「社会進歩の物語」こそが、大人と子どもの間に楔《くさび》を入れ、差異化を促した見えざる〈まなざし〉の起源ではなかったのか。

そこで、本章では、大人から子どもが差異化され、線引きされる経緯を検討しながら、「子どもの世紀」とまでもち上げられるに至った子どもが、実は大人社会から隔離されたために、かえって困難な状況に追い詰められてしまったという、まことに逆説的な状況を明らかにしていきたい。

1　「子ども」を大人から差異化する〈まなざし〉

エレン・ケイが予言したように、二〇世紀は「子どもの世紀」となった。それまでは大人社会の中に埋没し、「小さな大人」として大人の周りを徘徊していたに過ぎなかった子どもが、大人とは質的に異なる存在であることが広く認められるようになった。子どもは、共同体における労働や徒弟修業から解放されて、いわば縛りのない「専業子ども」として生活することが許されるようになった。

しかしながら、それは、別の視点からみれば、子どもが大人世代から引き離されて、学校を中心とする制度的教育機関に囲い込まれていく過程でもある。幾世代もの大人たちとの共同生活による修行や訓練の場がますます消滅して、学校という制度の中で、教育プログラムにしたがって、教育されるようになったからである。子どもは、もはや大人とともに暮らす共同生活者の一人ではなくなり、大人から離れて学校に通う「教育を要するヒト」(homo educandus)[2]となった。

大人と子どもの差異化に決定的なインパクトを与えたのが、「子どもの発見」(宮澤康人は、これを「子どもの発明」と呼ぶべきだとしている[3])をもたらしたルソー(Rousseau, J.-J. 一七一二〜一七七八)である。『エミール—または教育について』(原文一七六二年)の第一編で、ルソーは、こう書いている。

「大きな道路から遠ざかって、生まれたばかりの若木を人々の意見の攻撃から守ることを心得た、優しく先見の明ある母よ、わたしはあなたに訴える。若い植物が枯れないように、それを育て、水を注ぎなさい。その木が結ぶ果実は、いつかあなたに大きな喜びをもたらすだろう。**あなたの子どもの魂のまわりに、早く垣根をめぐらしなさい。**垣根のしるしをつけることはほかの人にもできるが、じっさいに障壁をめぐらせる人は、あなたの他にはいない。」4

ここでルソーは、新生児を若木にたとえて、その若木が「人々の意見の攻撃」によって踏み潰され、枯れ果ててしまうことをひどく懸念している。それは、彼自身が誕生と引き換えに母親を失い、親戚をたらいまわしにされて育ったという幼少期の苦い経験からくる教訓であるのかもしれない。子どもは、社会の中に放置されてはならない。幼児期の子どもは、家族、とりわけ母親によって保護され、教育されなければならない、というのが、ルソーの教育論の出発点にある5。

「あなたの子どもの魂のまわりに、早く垣根をめぐらしなさい」というルソーの言葉は、共同体や大家族の中で群れのように放置して子育てを行うのではなく、親が子どもを保護すべきだという、親権の強調であると同時に、子どもを大人世代からいったんは引き離すべきだという主張をも含んでいる。ここには、村落共同体の崩壊とともに大家族中心の生活様式が崩れはじめ、都市型の核家族への移行を見ることもできる。子どもが大人から差異化される〈まなざし〉の誕生、それは、家族史の上では、核家族が誕生する時期とも重なっている。中世末期の家族生活と子どもの変貌ぶりを、フランスを中心に克明に跡づけた著書『〈子供〉の誕生―アンシャン・レジーム期の子供と家族生活』の中で、アリエス（Ariēs, Ph. 一九一四〜一九八四）は、こう記している。

「とくにフランスの史実から出発して、私が街路、広場、集合的活動から家族が引きこもりはじめると位置づけているのは、一七世紀の末から一八世紀の時期である。家族は、無理に割込もうとするものに対して、十分に防衛された家屋の内部にあるものとなり、《親密性》のためにも配慮の行き届いたものとなっていった。」6

フランスでは、一七世紀の末から一八世紀にかけて、村落共同体における集合的生活から家族が徐々に独立していく。そして愛情によって構成される私的な《親密性》の空間としての新しい家族が誕生する。核家族の誕生であるが、まさにこの時期に、それまで大人社会に埋め込まれ、匿名状態におかれていた子どもが、かけがえのない愛情と保護、教育の対象として前面に浮上してくる。つまり「固有名の子ども」がここに誕生することになる。それは、もはや大人の縮小コピーなどではなく、「大人とは質的に異なった生」を営む新しい存在の誕生である。アリエスはさらにこう書いている。

「（この時期に）教育の手段として学校が徒弟修業に取って代わった。つまり、子どもは大人たちの中にまざり、大人と接触するうちで直接に人生について学ぶことをやめたのである。多くの看過や遅滞にもかかわらず、子どもはおとなたちから分離されていき、世間に放り出されるに先立って一種の隔離状態のもとに引き離された。この隔離状態とは、学校であり、学院である。」7

村落共同体の崩壊と核家族化の進行、それが愛情や教育の対象としての「子どもの発見」を後押ししたというアリエスの主張には頷けるところが多い。たしかに中世末期までは、子ども一人ひとりへの配慮は希薄であり、ある大家族で死んだ子どもの名前を、次に生まれた子どもにつけるということが日常的にも行われていたからである。この頃までは、確かに子どもは匿名状態におかれていたといって差し支えない8。

しかし、「子ども」を大人から差異化する〈まなざし〉を、拡大家族から核家族化への転換という家族形態の変化で説明するだけでは、まだ十分とはいえない。それは、新しい教育のエージェントとして、家族ばかりでなく、学校が重要な役割を占めるに至る理由がまだ説明されていないからである。

2　進歩思想に支えられた学校

たしかに親密圏として構成される核家族の誕生が、愛情と養育の対象としてのかけがえのない子どもという意識を醸成したことは想像できる。しかし、子どもを大人から差異化する〈まなざし〉はそれだけで生じたわけではない。村落共同体における人間形成が、家族と学校における人間形成に移行するためには、単に子どもへの愛情や近代学校成立に向けた国家的要請という説明だけでは不十分だからである。子どもが、大人と活動を共にする共同体の生活から、家族や学校の中に囲い込まれるに至った重要な要因となったものは何なのか。

その大きな要因の一つとして、中世の村落共同体にはなかった「社会進歩」、「開発」、「発達」という新しい観念の芽生えと、都市におけるその広がりを挙げることができる。それまでの農耕・牧畜中心の村落共同体が崩壊していく背景には、産業革命の進展がある。新しい産業と商業、交易が盛んな市場を中心に都市が生まれる。すると、それまでは大自然の四季のサイクルに依存していた「循環する時間」の観念が薄れ、生産と交易中心の都市では「進歩する時間」の観念が広く浸透してくる。「循環する時間」は農耕・牧畜を生業《なりわい》とする村落共同体の時間なので、子どもはその中に埋め込まれているが、「進歩する時間」は、未来の生産を担う世代としての「子ども」の存在を前景に浮上させる。

すでに共同体を担い、旧習にまみれている伝統依存の大人たちではなく、これから未来を切り拓く「可能性に満ちた子ども」に照明が当てられる。子どもには、停滞した大人社会を乗り越えて、限りなく進歩、発達する可能性があるからだ。「無限の可能性」（potentiality）をもち、「教育可能性」（educability, Bildsamkeit）に満ちた存在として、子どもが歴史の表舞台に登場する。

この社会進歩という〈まなざし〉こそが、大人と子どもの差異化を決定的に促した思想的動因ではないかと考えられる。それは、「古い因習に縛られた大人」と「新しい可能性に満ちた子ども」を容赦なく切断する新しい〈まなざし〉をもたらした。

こうした新しい〈まなざし〉を、思考実験を通して、先駆的に準備した思想家が、すでに紹介したルソーである。彼が、その著、『エミール』において行ったことは、鮮やかなコントラストのもとで、大人と子どもの差異を示したばかりではない。それまで、修行や訓練を通して共同体ぐるみで人間形成を担ってきた大人世代を旧弊にまみれた有害世代、生まれたばかりの子どもを、大人の悪弊に未だ汚染されていない可能性に満ちた善世代と見立てることで、中世から続く人間形成の習俗を見事に反転させて見せたのである。

それは、修行とイニシエーション（initiation）による人間形成への徹底した批判であり、進歩する社会を生きる子どもの「完成可能性」（perfectibility）への無限の信頼である。ここに、イニシエーションや社会化による日常生活による人間形成ではなく、大人世代から隔離されたところで、意図的に行われる「開発」（development）としての「教育」（education）の必要性が、エミールという子どもをモデルに生き生きと語られる。

エミールは、よく誤解されるように、大自然の中で育つ野生児などではない。全く逆である。ルソーという家庭教師が設計した教育空間（pädagogische Raum）の中で、意図的、計画的に育てられるのである。日常性に仕組まれたミメーシス（模倣）とイニシエーションに代わって、非日常的で計画的な教育空間の設計がなされたのである。ルソーはこう書いている。

「自然は、子どもが大人になる前に子どもであることを望んでいる。この順序をひっくりかえそうとすると、成熟してもいない、味わいもない、そしてすぐに腐ってしまう速成の果実を結ばせることになる。私たちには、若い博士と老い込んだ子どもを与えられることになる。子どもには特有のものの見方、考え方、感じ方がある。そのかわりに、私たちの流儀を押し付けることくらい無分別なことはない。」9

子どもは大人になる前に、十分に子どもとして生きなければならない。既存の知識や文化を詰め込んだりして、早く大人にならせようとしてはならない。「子どもに特有のものの見方、考え方、感じ方」を引き出し、それをこそしっかりと育てなければならない。なぜ「子どもに特有のものの見方、考え方、感じ方」を引き出さなければならないのか。それは、旧弊の大人文化に取り込まれないためである。新しい世代は、旧世代の文化に縛られないだけに、自由に新しい文化を生み出す可能性に満ちている。既存の制度、悪習、悪弊に染められていない。こうした可能性こそが、進歩、発展する社会に取り残されず、自己開発し続けてゆける世代であり、社会進歩を担う世代なのだという考え方がその裏に潜んでいる。

さらにルソーは、「生徒をその年齢に応じてとり扱うがいい」[10]とも述べている。大人世代の文化を子どもに無理やり押しつけるのではなく、子どもの内にあるものが成熟してくる年齢段階に応じて、つまり発達段階に応じて教育を行うべきだと主張している。ここには、子どもの内にある自然（＝素質）が自己展開してくるプロセスとしての「発達段階」という見方が提示されている。

子どもを発達の層で理解するという見方は、近代教育学の基礎をなすものではあるが、このことは、同時に、子どもが、進歩する社会を担う世代として「教育＝開発」の対象となり、「発達と開発の世界」にしっかりと組み込まれていく見えざるフィルターが用意されたことを意味している。

たしかに進歩や発達の観念は、中世的身分制度の桎梏から子どもを救い出すものとして機能したことは否定できないが、後述するように、近代化が終焉する時期に至ると、逆に、子どもを学校に縛りつける原理としても作用するようになる。しかし、冒頭にあげたエレン・ケイの『子どもの世紀』では、進歩思想に貫かれた未来志向の子ども観が余すことなく表明されている。

> 「ある皮肉屋が、『子孫には何もしてもらえないのに、なぜ子孫のためにしてやらなければならないのか？』と問いかけた。この問いは、わたしを若い時代から活発な思想活動に向かわせたものであった。わたしの認識では、子孫は祖先のために無限に多くの仕事をする。すなわち、子孫

は祖先の日常の努力のはるか彼方の未来に、無限の水平線を与えるのである。いま人間はまだ、水平線の広がりを見ていない。人々が子どもによって種族の新しい運命を予感するときには、人々は慎重に子どもの心に美しい糸を織り込むようになるであろう。」[11]

ここには、子ども世代こそが大人世代の遺産を更新し、新しい水平線を切り拓いてくれるのだ、という子ども世代への絶対の信頼が語られている。大人世代は、過去の文化遺産の重圧で子どもを苦しめてはならないという強いメッセージが伝わってくる。

「人類がすべて、これをまったく新しい見方で認識しはじめ、これを発展の信仰の光のなかに見てはじめて、二〇世紀は児童の世紀になるのである。これは、二重の意味をもっている。一つは、大人が子どもの心を理解することであり、もう一つは、子どもの心の単純性が大人によって維持されることである。そうなって初めて、古い社会が新しくなる。」[12]

エレン・ケイの言葉に接すると、子どもを大人世代から引き離す動因となったのは、拡大家族から核家族への変化という家族関係の変化だけではなく、さらに進歩・発展する社会の担い手として子どもが脚光を浴び、大人はむしろ子どもに学ぶべきだ、という見方の登場が大きく作用したことが理解できるはずである。進歩・発展する社会の担い手を育てるのは、私的親密空間となった家族だけでは不十分である。それは、人間形成力を喪失した地域共同体でも、教義問答（カテキズム）を行う教会や学院（コレージュ）でもなく、まさに子どもの発達と開発を行う学校において行われなければならないものであった。

3　不登校の増加と一元的発達観の限界

すでに述べたように、大人から差異化された子どもは、核家族で両親の愛情としつけのもとで育てられるようになり、さらに進歩する社会を担うべく学校に通う「教育を要するヒト」となった。大人とは異なった「子ども」という観念が構築され、子どもが大人社会の一員としてではなく、「子ども」として生きられるようになったことを、私たちはどう考えればよいのか。

それを教育思想史的に言い直せば、「子どもの発見」、つまり「子ども」という観念の構築とは、人類にとって何であったのかという根源的な問いを含む問題であり、慎重な考察を要する問題でもある。最後に、この問題を考えるための一つの手がかりを探っておきたい。

子どもが、村落共同体に依存した大家族で、大人と共同生活を送っていた時代から、核家族や学校で「教育的配慮」の世界に囲い込まれるようになったことを、どう考えればよいのか。その一つの回答は、日本の戦後教育学が用意してきたものであり、広く流通しているものである。つまり、子どもは大人から差異化されたからこそ、身分制共同体や出生、性別、属性に縛られることなく、その発達可能性の開花と人生選択の自由を獲得できたというものである。ルソーやエレン・ケイの教育思想は、こうした啓蒙主義や児童中心主義の文脈で説明されてきた。子どもは、大人から引き離され、子どもとして発達する権利（発達権）を得られたからこそ、子どもの学習権とそれを保障する教育権が明確化できたのである、と[13]。

たしかに、敗戦直後から、ほぼ一九七五年までの三〇年間は、大人から差異化された子どもという保護、発達の〈まなざし〉が有効に機能してきたように思われる。この時期には、家庭内労働や低賃金労働にまき込まれて、学校に通えず、子どもとして生きる、つまり教育を受けることが叶わなかった小中学生が多数いたからである。戦後の啓蒙期において、教育＝学校は、たしかに子どもにとっての保護、救済機能を果たしてきたことは否定できない事実である。しかし、日本の戦後啓蒙と高度経済成長が終息を迎える、ほぼ一九七五年頃から、それまで自明であった教育＝学校への信頼は音を立てて崩れはじめる。その一例として、不登校の子どもの数をとりあげてみよう。

次頁のグラフは、日本の小中学校の不登校者数の変化を年度別に示したものである。これを見ると、小中学校の不登校者の数は、ほぼ一九七五年頃を低辺とするＵ字型のカーブを描いていることがわかる。

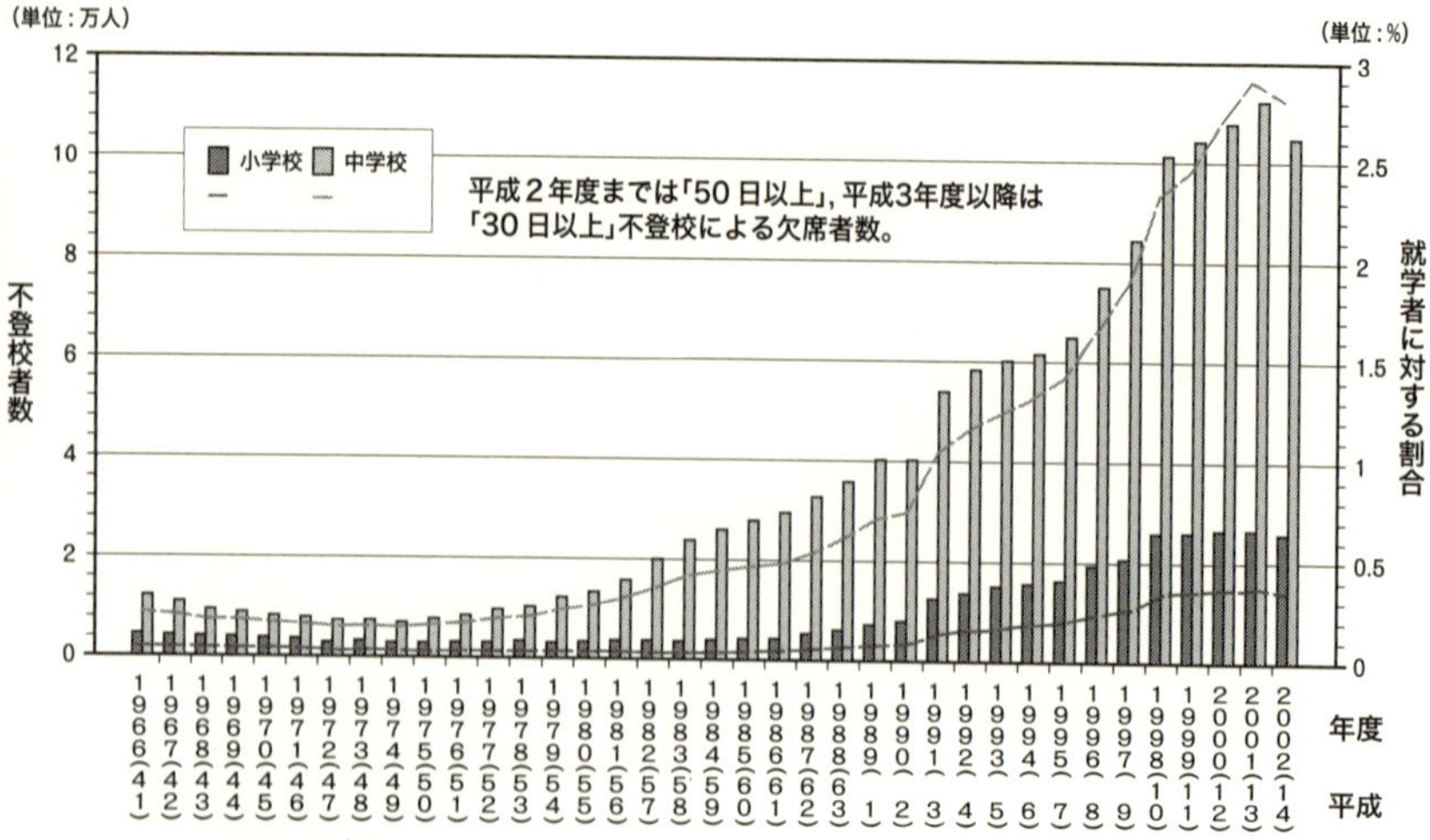

不登校者数の変遷

2000.12-2003.8 [C] Maruyama Shuichi
データは「学校基本調査」2006 年版（文科省）より

一九六六年以前のデータは、このグラフには掲載されていないが、別のデータを見ても、一九四六年から一九七〇年代半ばまでは、不登校者数は一貫して減少し続けてきている。この頃は、「不登校」とはいわず、長期欠席児童・生徒、いわゆる「長欠児童・生徒」と呼んでいたのである。「長欠児童・生徒」たちは、高度経済成長期に一貫して減少し続け、学校に通えるようになった。彼らは、決して自分の意思で学校にこなかったわけではなく、家庭の経済力の低さが労働力としての子どもを必要とし、家庭の経済力が向上するに従って、彼らは学校に戻ってこられたのである。高度経済成長が彼らの学校復帰を後押ししたと考えられる。グラフを見れば明らかなように、不登校者数は、一九七五年前後が戦後最低で、小中学生の合計でも約一万人以下である。この時期までは、教育＝学校への信頼は全く揺らぎを見せていない。

ところが、ほぼ一九七五年頃から小中学校の不登校数は、年々増加の一途をたどる。二〇〇七年度の文部科学省の調査によれば、小中学校の不登校数の合計は、一二九、二五四人にものぼる[14]。中学生では、ほぼ三四人に一人の割合で不登校の中学生がいることになる。その数は、一九七四年度の不登校者数の約一三倍にも達している。しかもこの数値は、今後も減少する見込みが薄い。なぜ、日本の小中学校で、不登校者数が増加の一途をたどるのだろうか。筆者は、以下のような仮説を考えている。

それは、敗戦直後の一九四五年からほぼ一九七五年までは、日本社会の近代化の時期であり、子どもを村落共同体における労働から保護し、学校に通わせ、教育を受ける権利をしっかりと保障することが必要な時期であった。つまり、大人から差異化された「子ども」という観念が有効にはたらいた時期であった。

しかし、ほぼ一九七五年に、経済成長は終焉を迎え、高校進学率も九〇パーセントをはるかに超えて、高校進学はほぼ飽和状態に達した。まさに教育＝学校の意識が頂点に達したこの時期から、大人世代から切り離されて、保護と教育の空間に入ることを息苦しく感じる子どもが目立ちはじめる。学校に通えることを、「子ども」の権利や恩恵としてではなく、押しつけられた義務や拘束としてしか感じられない世代が出現する。

不登校の増加は、教育＝学校という、大人社会からの子どもの隔離と囲い込みがまさに頂点に達した時期にはじまることを、私たちは気づかなければならない。ほぼ一九六〇年代に始まった欧米の学校批判の波が日本にも押し寄せ、広がりを見せるのも、ほぼこの時期、つまり一九七〇年代半ばからである。脱学校論、フリー・スクール、フリー・スペース、ホーム・スクール、子どもの居場所づくりといった教育運動は、いずれも大人社会から隔離された教育空間としての学校を批判の対象としてきた。そこでは、学校を開き、多様な世代と関わり合うことのできる学びが求められている。

ルソーが想像力の限りを尽くして構想し、エレン・ケイが社会運動の中で描き出した社会進歩を担う子ども、未来を開く子どもという進歩史観に支えられた一元的な発達観そのものが、いまや抵抗や拒絶の対象になっているのである。「進歩、発展、開発、未来」という、子どもに期待され、子どもに託された「社会進歩の物語」それ自体が、いまや問い直されるべき時期を迎えたことを示している[15]。

4　重層的発達観と多世代の共生 ―― 結語にかえて

エレン・ケイが予言したように、二〇世紀は「子どもの世紀」となった。たしかに二〇世紀は、義務教育制度はもとより、各種教育機関が競って整備され、子どもが大人たちから引き離されて、教育プログラムに沿って教育される人間形成システムが完成した世紀であった。その意味では、二〇世紀は、「子どもの世紀」であると同時に「学校の世紀」であり、「教育の世紀」[16]でもあった。学校に通わなければ何も学べないとさえいえる「学校化社会」(schooled society)[17]が出現した世紀でもあった。

しかし、前節でも見たように、高校進学率が九〇パーセントを超え、子どもの「児童化・生徒化」(学校に囲い込まれた子ども)が完成するかに見えた一九七〇年代半ばから、子どもたちの「学校からの逃走」としか言いようのない現象が顕著に目立ちはじめたのである。

他方で、一九八〇年代からの情報・消費社会の成立も、教育＝学校の信頼性を大きく揺るがせる要因としてはたらく。情報行動や消費行動において、子どもはすでに大人の顔で行動している。子どもは、「学校に通う子ども」の身でありながら、同時に、かれらが求める商品、愛用するケータイ、スマートフォンなどのモバイル機器を通して、一人前の消費者、一人前の大人として振舞うようになった。

ポストマン(Postman, N)が指摘したように[18]、子どもたちは、中世社会と同様に、再び大人社会に舞い戻ってきたかのように見えなくもない。

しかし、それは、情報行動、消費行動という一面だけのことである。子どもが大人になるには、バラバラな消費行動によってではなく、大人たちとの協働作業や共同生活の経験が不可欠である。乳幼児や高齢者を含めて、多種多様な世代と関わり合う経験が必要になる。こうした多世代の相互行為という生き方や考え方は、進歩史観に支えられた一元的発達観からは生まれない。

一元的発達観ではなく、その誕生から死に至るライフステージにおいて、それぞれの時期を充実させて生きていくことが重要になる。筆者は、それを台形型のライフサイクルと円環型のライフサイクルの違いとして提示した[19]。台形型のライフサイクルには、生産性が最も高い時期としての「発達の頂点」なるものがあるが、円環型のライフサイクルには、発達の頂点はない。春夏秋冬の季節の移り変わりにも似た人生の四季の風景の変化があるに過ぎない。発達とは直線的、螺旋的な向上などではなく、重層的な意識構造の変容（メタモルフォーゼ）として捉え直すべきではないだろうか[20]。

こうした重層的な発達観から見るならば、大人と子どもを差異化して、子どもを中心に見る見方や、逆に大人の世界を基準にして、それに子どもを従属させるという、一方向の見方には、明らかに無理のあることがわかるだろう。それぞれのライフステージの違いを認めつつ、他世代の〈まなざし〉と交じり合い、人生を重層的に理解し、生きていく生き方が求められているのである。

人間形成において、まさに「差異と共生」が求められる最も深い理由が、ここにあると考えられる。

【註】

1 ケイ, E.（小野寺信・小野寺百合子訳）『児童の世紀』冨山房、一九八三年、二〇二頁。本書の原著は、Barnets århundrade（一九〇〇）であるが、本論文では、Barnetを学校教育用語である「児童」ではなく、「子ども」と訳した。

2 イリイチ, I.（桜井直文監訳）『生きる思想』藤原書店、一九九一年、九二頁。

3 宮澤康人「近代的子ども観の発明」、宮澤康人編『新しい子ども学』（第三巻、海鳴社、一九八六年）所収、二五頁。
4 ルソー ,J.-J.（今野一雄訳）『エミール――教育について』岩波文庫、上巻、二三〜二四頁。強調ゴジクは引用者のもの。
5 乳幼児は、共同体や大家族の手に委ねるべきではなく、母親の手で保護し、育てるべきだというルソーの考え方は、乳飲み子を乳母に預ける当時の貴族階級の子育ての慣習に対する批判として読まれるべきであって、共同体からの協力や支えを失い、孤立した近代家族における子育ての現実を考えてみれば、母親に過重な教育責任が背負わされかねない見方でもある。
6 アリエス, Ph.（杉山光信・杉山恵美子訳）『〈子供〉の誕生――アンシャン・レジーム期の子供と家族生活』みすず書房、一九八六年、一三頁。
7 アリエス, Ph., 前掲書、三頁。
8 アリエス, Ph., 前掲書、四〇頁。
9 ルソー ,J.-J., 前掲書、上巻、一二五頁。
10 ルソー ,J.-J., 前掲書、上巻、一二七頁。
11 ケイ, E., 前掲書、二〇一頁。
12 ケイ, E., 前掲書、二〇二頁。
13 堀尾輝久『人間形成と教育――発達教育学への道』岩波書店、一九九一年、三一一頁。
14 読売新聞、二〇〇八年八月八日付。
15 宮澤康人『大人と子供の関係史序説――教育学と歴史的方法』柏書房、一九九八年、一九〇頁。
16 苅谷剛彦『教育の世紀――学び、教える思想』弘文堂、二〇〇四年、六頁。
17 イリイチ, I.（東洋・小澤周三訳）『脱学校の社会』東京創元社、一九八〇年、三三頁。
18 ポストマン, N.（小柴一訳）『子どもはもういない』新樹社、一九九一年、一二七頁。

19 高橋勝『経験のメタモルフォーゼ――〈自己変成〉の教育人間学』勁草書房、二〇〇七年、五五頁。

20 本田和子「発達が〈老い〉と〈死〉を含むとき」、内田伸子編著『誕生から死までのウエルビーイング』（金子書房、二〇〇六年）所収、一三頁。

第4章　子どもの自己形成空間

子どもの自己形成空間（Selbstbildungsraum）とは何か。それは、教師からの指示、指導によって子どもが学ぶ「教育空間」とは、大きく性質を異にするものである。

教師と生徒との関係から構成される「教育空間」は、基本的に教師が生徒にはたらきかけることで授業や生徒指導が進行する意図的、計画的な空間である。放課後、子どもたちが教師を交えてサッカーで遊んでいたとしても、そこが校庭であれば、参加している教師は「教育的配慮」を片時も忘れることはない。教師は、サッカーで遊んでいるように見えながら、実は指導を行っているからである。そこには、「教師→生徒」というタテ関係が見えざる形で仕組まれている。

しかし、子どもたちは、家庭や地域で、あるいはメディアなどを通して多くの関係を広げ、多種多様な経験を積み重ねてきている。この経験の蓄積を、子どもと他者、事物、自然との〈関わり合い〉

から捉え直すことで浮かび上がる空間を「自己形成空間」と呼ぶことができる[1]。「教師―生徒」関係が基本的にタテ関係であるのに対して、自己形成空間は、子どもと他者、事物、自然との〈関わり合い〉によって構成される。したがって、それは、ヨコとナナメの関係が編み出す空間である。

農耕牧畜型社会における人間形成は、基本的に共同体の有する社会化機能を中心に行われてきたが、社会が近代化され、人間形成も合理化されるに従って、「教師―生徒」という効率的な「教育空間」が子どもの身体や意識を包み込むようになった。そこで、本章では、子どもの自己形成空間の危機的状況を報告するとともに、これからの自己形成空間のゆくえについて検討していきたい。

1　小グループ化する子どもの友人関係

はじめに一つのデータを紹介しておきたい。それは、筆者の所属する横浜国立大学教育人間学研究室が、神奈川県内の小・中学生を対象に行った「都市部の子どもの対人関係に関する意識調査」（二〇〇五年一月実施）の結果である。神奈川県内を、①横浜市の郊外に開発されたニュータウン地域（横浜A地区）、②横浜市中心部の下町に位置し、個人商店街が軒を連ねる地域（横浜B地区）、③県北部に位置し、山林や田畑に囲まれている地域の三箇所に分けて、それぞれの地域の小学四年、六年、中学二年生、合計約一、〇〇〇人に同一の質問を行った。その結果の一部を紹介したい。

「休日によく遊ぶ友だちの人数は何人ぐらいですか?」という質問に対する回答は、小学四年生では、どの地区の子どもも、二〜三人(三五パーセント)、四〜五人(二〇パーセント)、一人(七パーセント)、六人以上(五パーセント)、自分だけ(九パーセント)、遊ばない(三五パーセント)という結果が得られた。

地域によってとくに大きな差は見られなかった。同じ質問に対する中学二年生の回答は、二〜三人(三八パーセント)、四〜五人(二九パーセント)、一人(七パーセント)、六人以上(一七パーセント)、自分だけ(三パーセント)、遊ばない(一八パーセント)で、中学二年生は、小学四年生以上に休日はよく遊んでいるという結果が出た。しかし、こちらも地域によって、大きな差は出なかった。

ところが、小学六年生では、地域によって歴然とした差が生じた。「休日にあまり遊ばない」と回答した子どもは、県北部地区では二五パーセントであったのに対して、横浜B地区では四六パーセント、横浜A地区では、なんと六〇パーセントにも上った。都市化した地域の子どもほど、休日には遊んでいない(塾があるので遊べない)という現実が明らかになった。

すでに述べたように、横浜A地区は、東京にも近い郊外のニュータウンで、保護者の学歴も高く、小学六年生のうち中高一貫の私立中学校へ三〇パーセント以上も進学する。六年生の一二月といえば、中学受験で頭がいっぱいの時期である。「休日にあまり遊ばない」子どもが、六〇パーセントもいたとしても決して不思議ではないだろう。

もう一つ考えさせられる結果がある。「友だちがいじめをしていたらどうしますか?」という質問に対する回答である。その平均値は、下表のとおりである。

友だちがいじめをしていたら、「やめるようにいう」子どもが、小四（七一パーセント）→小六（五〇パーセント）→中二（三三パーセント）と激減し、中二では、小四の半分以下の数値になる。そして逆に「何もいわない」子どもが、小四（八パーセント）→小六（一五パーセント）→中二（三八パーセント）と次第に増加する。子どもにとって「友だち」とは、小学生時代の深く関わり合う仲間から、学年が上がるにつれて距離をおいてつき合う傾向がはっきりと見てとれる。

さらに「友だちがいじめを受けていたらどうしますか？」という質問では、地域差はほとんど見られなかったが、学年による差が実にはっきりと現れた。平均値は、下表のとおりである。

友だちがいじめを受けていたら、「助けようとする」子どもが、小四（七三パーセント）→小六（五〇パーセント）→中二（四七パーセント）と

友だちがいじめを受けていたらどうしますか？

	小4	小6	中2
助けようとする	73%	50%	47%
何も言わない	4%	20%	24%
誰かに知らせる	20%	17%	15%

友だちがいじめをしていたらどうしますか？

	小4	小6	中2
やめるようにいう	71%	50%	33%
何も言わない	8%	15%	38%
誰かに知らせる	18%	25%	20%

減少する。逆に「何もいわない」子どもが、小四（四パーセント）→小六（二〇パーセント）→中二（二四パーセント）と次第に増加していく。学年が高まるにつれて、仲間意識が薄れていく傾向が、ここでもはっきりと見てとれる。

子ども同士の関係が、小学生時代の広い仲間意識から、しだいに小グループ化し、グループ外の仲間に対しては冷淡な傍観者となる傾向が見られる。それは、情報・消費社会が子どもの世界にも深く浸透してきたことを物語っている。

２　〈関わり合う関係〉から〈見る関係〉へ

すでに述べたように、子どもの自己形成空間とは、「教師—生徒」というタテ関係ではなく、子どもと他者、事物、自然との〈関わり合い〉や相互行為によって生み出されてくる空間である。拙著『子どもの自己形成空間』（川島書店）の中で、筆者は、その特徴を次のようにまとめた。

「自己形成空間とは、一言でいえば、子どもが、さまざまな他者・自然・事物と〈関わりあう〉なかで徐々に形成されてくる意味空間であり、相互に交流しあう舞台である。ドイツの教育哲学者ボルノウの言葉でいえば、『体験された空間』（der erlebte Raum）と呼んでもよい。」[2]

その特徴の第一は、学校の校舎やグラウンドのような物理的な空間を現すのではなく、多種多様な関係の糸によって織り成される意味空間であること。

第二に、それは、テレビゲームのように、子どもが対象を一方的に操作できる空間ではない。子どもが竹トンボをつくろうとして竹薮に分け入り、小刀で竹を切っているうちに、思わず指に怪我をしてしまうような受動的な空間である。

第三に、それは、〈関わり合い〉という直接経験によって開かれる身体性に彩られた空間（メルロ＝ポンティ）である。

子どもの自己形成空間を簡単にまとめれば、①関係によって織り成される意味空間、②受動的なパトス的空間、③身体性に彩られた空間という三つの特徴を有するものである。さらに詳しく述べるならば、それは、「わたし―あなた」という二人称の関係の場に身をおく空間である。身近な肉親の怪我や病気などの「わたし―あなた」という二人称の経験が原点になって、三人称の他者の苦しみや痛みをイメージすることができる。不慮の事故などの当事者になる経験があってはじめて、他者への共感や共苦の感情が生じる。他者や自然との直接の交わりという二人称の経験の積み重ねこそが、三人称の他者への思いやりの感情を育むのである。

ところが、情報・消費社会の浸透によって、子どもは、家庭でも地域でも単なるサービスの受け手として扱われるようになる。ますます二人称の相手と交わる機会を奪われる。その結果、「親しい仲間以外はみな風景」（宮台真司）[3]といった傍観者の心性で外の世界を眺める傾向が強まってきたように見える。

3　関係の三人称化

前記の調査結果でも見たように、友だちがいじめをしていた場合、いじめを受けていた場合のいずれのケースでも、仲間に対する子どもの対応は、学年が上がるにつれて傍観者的になる傾向がはっきりと見てとれる。子どもの世界において、M・ブーバーの言う「わたし—あなた」(Ich—Du)という二人称の関係が縮小して、「わたし—それ」(Ich—Es)という傍観者的な三人称の関係が拡大する。これには、いろいろな理由が考えられるが、情報・消費社会の浸透を無視することはできないのではないか4。

テレビのある討論番組で、一人の中学生から「人を殺したらなぜいけないのですか?」と急に問われて、識者たちが答えに窮する場面があった。その後、作家の大江健三郎など、様々な知識人が中学生の問いかけに答えを出そうと試みたが、私から見れば、いずれも成功したとは言いがたい。

それは、この中学生の問いかけが、当事者感覚の欠如した典型的な第三者思考であったことの指摘が、どこからもなされなかったからである。大人たちは、この中学生に即座にこう返球すべきであった。

人は「人間一般」を殺すことはできません。殺されるのは、必ず固有名のAさんか、Bさんです。だから、あなたは無責任な第三者的な問い方を止めて、こう尋ねるべきです。

「AさんやBさんを殺したら、なぜいけないのですか?」と。そしてもちろん、Aさん、Bさんの中に、あなた自身と、あなたの親、兄弟、恋人が真っ先に入ることを忘れないで下さい、と。

関係の三人称化、つまり「わたし—それ」という第三者思考が肥大化するのは、子どもたちの直接経験の世界がますます縮小してきたことと大いに関係がある。つまり子どもの自己形成空間が衰弱化して、メディア空間や消費空間の中に子どもの身体が取り込まれつつあることを意味している。メディアや消費の世界では、「わたし—あなた」という直接的な応答関係を探す方が難しい。逆に「わたし—それ」という操作的で、第三者的な関係ばかりが子どもの身体に刷り込まれる。その場面がいじめであれ、何であれ、子どもたちの当事者感覚が麻痺して、クールな傍観者として振舞う心性が、このようにして醸成されるのではないか。

4 子どもの自己形成空間の再生に向けて——おわりに

よく指摘されることであるが、「自分は援助交際をしないが、したい人がいても別に構わない。その人の自由だ」というクールな感覚が、日本の中・高校生の間で広がっている。価値観は、もともと相対的なものだから、お互いに相手には深入りしない方がよい。自分はデザートにアイスクリームを食べたいが、メロンやイチゴを選ぶ人がいても構わないのと同じ感覚である。すべてが、消費の感覚で処理されてしまう。子どもたちの間で、他者の状況に深く関わることを避ける心性が顕著になりつつある。

自己形成空間の衰弱化とは、まさにこうした状況を示している。子ども世界を実質的に構成する関係性、受動性、身体性が徐々に消え去り、子どもの身体が「関係」という絆を失って、あたかも宙に舞う枯葉のように、社会を浮遊しているかに見える。これは、急激な情報・消費社会化がもたらした負の副作用といってもよい。このように関係がほどけて、個人が浮遊する状況に、学校教育だけで対応できるとは到底考えられない。

最後に、本章のまとめとして、三点の提言をしておきたい。

第一に、子どもは、親や教師などの「タテ関係」だけでなく、群れ仲間、おじ、おば、地域の大人などの「ヨコの関係」、「ナナメの関係」の中に身を置くことによってはじめて「わたし―あなた」という相互的世界を広げることができる。こうした豊かな二人称の関係を、子どもの中にどう育てていくのか。地域の教育力を回復して、子どもの社会体験の場を広げると同時に、学校における体験学習やボランティア学習を一層推進していく必要がある。

第二に、子どもたちは、高度情報社会のもたらす便利さのために、他者、事物、自然との〈関わり合い〉を不要とする空間におかれている。それぞれが快適なカプセル空間の中に閉じ籠もり、私的関心という小さな窓から外部世界を覗き見するかのようである。そこでは、関係性はもとより、受動性や身体性すらも実感できない生活が顕著になる。したがって、これからは、情報化社会の負の側面もしっかりと視野に入れた子どもの自己形成空間の再生が求められている。

第三に、消費社会の出現もまた、子どもの関係性、受動性、身体性からなる自己形成空間をますます弱体化する傾向に拍車をかけていることに大人は早く気づくべきである。家庭、学校、地域社会において、子どもをサービスの対象や社会のお客様として扱うのではなく、早くから社会参画し、できる仕事を行い、社会の一員として生活する生活者感覚をしっかりと取り戻していく方策が早急に求められる。

【註】

1 高橋勝『子どもの自己形成空間』川島書店、一九九二年、八頁。
2 前掲書、九頁。
3 宮台真司『まぼろしの郊外——成熟社会を生きる若者たちの行方』朝日文庫、二〇〇〇年、一二九頁。
4 高橋勝『情報・消費社会と子ども』明治図書出版、二〇〇六年。

第5章　情報・消費社会と子どもの経験の変容

「生活世界」（Lebenswelt）という用語を、心理学、教育学、社会学等でも、よく見かけるようになった。言うまでもなく、これは、哲学者、E・フッサールが後期に用いた現象学の用語である。それは、近代科学とそれを支える自然主義的世界観とは全く異なった世界の様相を開示する際に使用された概念である。

個としての主体が、環境（自然環境、社会環境）から自立し、それらを統御することを目指したのが近代科学と技術であるとすれば、現象学は、それぞれの地域、場所、空間において共同構築される人称的世界の成り立ちを記述しようとする。ここでは、個人ではなく、日常性を共同構築する「他者」が、自立ではなく相互的な「関係」が、三次元の立体空間ではなく身体が触れ合う「場所」（topos）が、重要になる。したがって、「地域と子どもの生活世界の変容」を問題にする場合でも、それを、「発達」という先取りされた規範軸で見るのと、それをいったんカッコに入れて、子どもの日常の「生活世界」の成り立ちを見るのとでは、まるで異なった様相が見えてくるはずである。

そこで、本章では、戦後の教育学において、「地域社会」がどのような意味づけを与えられてきたのかをまず振り返り、子どもの自立、発達という規範軸（開発パラダイム）のもとに子どもを見る見方の問題点を指摘したい。その上で、人間形成において「地域社会」の有する重要な意味を明らかにし、筆者が、かねてから「子どもの自己形成空間」という新しい概念枠組みを提案してきた理由を述べていきたい。

1　戦後教育学における地域の位置づけ――「形成する地域」から「教育する学校」へ

地域や地域社会という言葉を英語に直すと、region, area, local [regional] community とあり、それは、city や urban community の反対概念である。かつての日本の地域社会の内実は、言うまでもなく農村型共同体である。戦後の教育学において、農村型共同体は、家父長制や封建遺制の温床であったという理由から、子どもの自立や発達を阻害する要因とみなされる傾向が強かった。

戦後初期に、教育学者の宮原誠一は、「形成」と「教育」の概念を峻別し、人間を「形成する」「自然生長的な力」として、自然的環境、社会的環境、個人の生得的素質の三つをあげ、これら三要因の交錯が「人間形成の基礎的過程」であると指摘した[1]。しかし、これらの自然生長的な諸力は、子どもをその生まれ落ちた境遇に縛りつけ、境遇への同化を強いるはたらきをする。「形成」は同化作用に等しく、子どもを解放しない。したがって、人間を「形成する」自然生長的な力に歯止めを加え、それを統御するはたらきこそが、「教育」の基本的な営みとなる。つまり「教育」とは、「自然生長的な形成の過程を、望ましい方向にむかって目的意識的に統御しようとするいとなみ」[2]であると定義された。

ここで言われる統御の主体は、教師に限らない。家庭教育、学校教育、社会教育のどの場面であれ、子どもを大自然の中や地域の伝統的習俗の中に放置しないこと、「望ましい方向にむかって」「教育する」ことが、「教育の本質」とみなされたのである。

こうして、目的意識的な「教育」を代表する学校モデルの人間形成論が主導権を握り、日本の各地域に残る「産育の習俗」は、価値なきもの、再教育されるべきものとして放逐されてきた。まさに「文明としての教育」（山崎正和）が遂行されたのである[3]。

その結果、一九七〇年代後半には、「産育の習俗としての地域の人間形成」はことごとく消滅し、学校モデルの「教育」が全盛の時代を迎えた。家庭の「育児」、地域の「児やらい」[4]という呼称がいつしか消え去って、「家庭教育」、「社会教育」という学校モデルの呼称「〇〇教育」にそれらは塗り替えられてきた。それればかりではない。学校モデルの「教育」は、ヨコの広がりを得たばかりでなく、「生涯教育」に見られるように、乳幼児期から高齢期までの人の「生涯発達」を保障する営みとして、タテの広がりをも獲得した。

まさにI・イリイチの言う「学校化社会」(schooled society)の出現である。「教育」というコトバの拡大に反比例するかたちで、家庭、地域、仕事の現場において、子ども・若者がそこで自然に育ち合い、一人前に巣立つという「形成」の機能がますます衰弱の一途を辿ってきた。

それでは、いったいなぜ、ある時期から「地域」の重要性が指摘されるようになったのか。それは、人間形成の基盤をなす自然的環境、社会的環境のもつ「自然生長的な力」(宮原誠一)の衰退が、誰の目にも明らかになってきたからではないかと考えられる。子どもの周辺から、大自然の脅威や共同体的なものが消え、子どもたちが「生活者としての知恵」を身につける場面が見あたらなくなった。家庭や地域社会における「習俗としての人間形成」、柳田國男の言葉を借りるならば、「世間の教育」5がほとんど機能しない状況が生まれた。これを、地域の「教育」力の低下などと呼んではならないだろう。**「教育」が「形成」を駆逐した結果、こうした事態が生まれたこと、問題は「形成」批判にあるという構造が、見えなくなってしまうからである。**

以上のことは、「形成」の縛りから開発的「教育」へ、あるいは、子どもの生活経験から科学的知識へ、という戦後教育学の近代主義と「開発パラダイム」が、すでに臨界点に達したことを示している。それは、恐らく発達心理学においても同じことではないか。宮原らが活躍した一九五〇年代の子どもたちとは全く異なって、現代の子どもたちは、メダカやドジョウを取った経験なしに、理科を学び、地域の大人たちの仕事や行事に参加した経験なしに、社会科を学ぶという日常性の中におかれているからである。

2　情報・消費社会と子どもの生活経験の変容――「形成」機能の崩壊

「形成」を崩壊に導いたのは、戦後教育学の「教育」信仰ばかりではない。一九八〇年代からの高度の情報化と消費生活化が、その崩壊をさらに加速化させた。少なくとも、一九七〇年代までの日本は、貧しさから脱却するという生産労働が優位の社会であり、子どもは、大自然の脅威と恵み、地域共同体(世間)の拘束と相互扶助というジレンマを肌身で感じながら育ってきた。つまり、子どもたちは、仲間と遊び、大人たちと仕事をする中で生活者として育ってきた。この時期までの子ども(生徒)は、大人(教師)から見て、同じ生活地平(つまり生活世界)を生きる共同存在であり、前世代からバトンを受け取って次世代に手渡す地域文化の後継者もであったと言える。一九七〇年代までの人間形成は、学校(教育)と地域(形成)の二重構造で行われてきたのである。そこには、当然のことながら学校と地域との間に様々な葛藤や軋轢があった

ところが、一九八〇年代からの高度の情報化と消費生活化の浸透は、有形無形のしかたで、大人／

子どもの単独化と消費生活化を進め、世代間の経験の連続性を寸断してきた。子どもたちは、電子ゲーム、携帯電話、ネットを通じて、家庭や地域を飛び越えて、一挙にグローバルな世界を浮遊するようになった。農村型社会の子どもが「地域の子供」、工業型社会の子どもが「学校の生徒」であったとすれば、情報・消費社会の子どもは「メディアの子ども」になったと言えるのではないか6。「メディアの子ども」たちは、大自然の脅威や地域の大人たちとの煩わしい人間関係から「解放される」代わりに、「身をもってする経験」(ボルノウ(O. F. Bollnow)のいうErfahrung 受動的、受苦的経験)7の厳しさを欠くようになった。

こうして、子どもの生活経験の質が、かつての自然、他者、事物との相互交渉による身体感覚(コンテクスト)中心から、メディア、情報という視覚(テクスト)中心に変わってきた。バーチャルな経験が、現実の経験領域を代理するだけでなく、それを限りなく浸食する時代となった。

こうして、「自然的、社会的環境」の縛りから解放された子どもたちは、宮原が期待した学校空間を素通りして、「メディア空間」の中に呑み込まれていった。学校、家庭、地域という人間形成の古典的な三空間をすり抜けて、子どもたちは、第四空間としての「メディア空間」の住人となった。そこには、傷つきやすい自分を癒し、サービスしてくれる他者がいる。しかしながら、自分の思い通りにはならない生身の他者、生命を脅かしかねない危険な自然、自己鍛錬によって対処法を身に刷り込ませなければならないモノの脅威は、完全に消えている。こうして、子どもたちの生活世界は、大自然やモノとの格闘を欠くばかりでなく、多世代との出会いや交わりの経験も喪失して、気の合った同世代だけの、デリケートで、濃密な、蚕のマユにも似た閉じた空間に籠もる傾向が生まれた。

3　「子どもの自己形成空間」という概念装置 ──「形成する地域」の再構築

「教育」(education)は、基本的に近代国家の営みであり、殖産興業の上からも、国民の啓蒙と能力開発をめざす「開発パラダイム」を下敷きにしている。このパラダイムが、人間形成においては、「形成」から「教育」へ、という強力な「学校化社会」のベクトルを生み出したことは、前述の通りである。

これに対して、かねてから筆者が主張してきた「子どもの自己形成空間」(Selbstbildungsraum)という概念は、地域における子どもと自然、他者、事物との日常的な関わり合い、つまり宮原のいう自然的、社会的「形成」機能の重要性とその復権を強く意識した概念である[8]。

それは、子どもと自然的環境、社会的環境との関わり合いの回復を主張するという点では、「開発パラダイム」の逆を行く。**人間とは、ある場所に生まれ、その場所で他者との相互行為の過程でそれぞれの生活世界が共同構築されていく自己生成体(autopoiesis)であるとみる見方に立っている**[9]。

地域生活において、大人たちと子どもたちが交わり、遊び、労働、行事、祝祭、神話などの世代間伝承の営みを重視する。地域の伝統的な風土、文化、習俗を生かしたまちづくりを考える。ここでは、子どもは、学校「教育」のように、地域を離脱すべき個人（＝孤立した能力主体）ではない。子どもは、生命体の一部であって、多世代と共に暮らす共同存在としてみなされる。大人や子どもたちが暮らす地域を舞台にして、そこに、自然、他者、事物と濃密に関わり合う多世代のネットワークを再構築しようとする試みが「子どもの自己形成空間」である[10]。

しかも、この関係は、電話やメールというメディア（media）を介した関係ではなく、身体感覚を基本にした五感による関わりを基本としている。顔を付き合わせ、話題（topic）が生まれる場所（topos）が形づくられる。それは、オフィスのように人称性が剥奪された機能空間ではなく、固有名の生活者たちによって共同構築される場所である。それは、かつての子ども組、若者宿、娘宿にも似た、子どもが大人として巣立つための、言い換えると子どもが大人に生まれ変わるための場所である。それは、自然発生的「形成」空間ではないが、学校と同質の「教える」空間でもない。まさに子どもが大人になるための「自己形成空間」なのである[11]。その主な特徴を、理念型として三つあげておきたい。

第一に、それは、子どもが発達して、自立と孤立を隣り合わせに獲得する空間ではなく、子どもが様々な世代の他者（乳幼児や高齢者を含む）と関わり合うことで、大人になること、つまり関係性や共同性を自然に獲得してゆける場所である。

第二に、それは、対象を一方的に操作し、処理する空間ではなく、その場所に出入りする中で、他者やモノに関わる身体技法が自然に磨かれていく場所である。竹とんぼをつくろうとして、竹藪に分け入り、小刀で竹を切っているうちに、思わず指に怪我をしてしまうような、能動と受動の入り混じった空間である。

第三に、そこでは、メディア経験や消費経験ではなく、まさに身体ごとの直接経験が成立し、それによって、共同する他者との間に小さな物語が生まれる場所である。

①多世代が混じり合い、②関係性と身体技法が磨かれ、③直接経験と物語が成立する場所、このような三条件を含む場所は、今の時代、一体どこにあるのかと、誰もが思うかもしれない。しかし、ある区域を意図的に仕切って、こうした場所をつくるという考え方ではなくて、地域の年中行事やまちづくりの運動の中に「子どもたちが参加する」という視点こそが重要だと考えている[12]。それは、基本的に、子どもの社会参画[13]や地域づくり、まちづくりの運動等[14]と一体になって行われるべきものであって、子どもの自己形成空間だけを取り出して、個別に論じるべきものではない。これでは、「形成」から離脱したところに「教育」があると考えた戦後教育学の陥穽に再び陥ることになる。私たちは、「形成」から離脱して「教育」を考えるべきではない。むしろ「形成」の回復の中にこそ「教育」を見出す理論的研究と実践的努力が必要なのである。

おわりに

本章は、もともと日本発達心理学会第二一回大会（二〇一〇年三月二一日）におけるシンポジウム「地域と子どもの生活世界の変容を考える」の提案として執筆されたものである。そのシンポジウムの「企画主旨」に、「これまで発達心理学研究では地域環境を看過してきたとはいえないとしても（中略）、「個人」の発達をとらえることがほとんどではなかっただろうか」、「地域環境という文脈・背景を踏まえた子どもが育つ過程を、研究実践としてとらえる手立てを研鑽してこなかったといえるのではないだろうか」とある。すでに述べたように、こうした「個人」研究の傾向は、何も発達心理学だけに見られる傾向ではない。宮原に代表される戦後の教育学が下敷きにした「開発パラダイム」そのものが、社会的「形成」への批判と、「望ましい教育」への過剰な期待によって枠づけられていたからである。こうした「形成」批判と「教育」過信のまなざしは、宮原の時代から六〇年も過ぎた現在の教育（学）界まで強固に引き継がれている。その傾向は、むしろ強まっていると言えるだろう。

したがって、重要なことは、子どもの発達を地域環境の文脈で捉え直すという研究方法論の転換だけに止まってはならないという点である。発達心理学や教育学が、これまで依存してきた「開発パラダイム」そのものをも相対化して考えなければならない時期にきているのではないか。

子どもが育つ場所としての地域の「形成」の論理の練り直しとその復権が必要である。そのことは同時に、巨大な「文明化の装置」と化した学校の機能の縮小、もしくは役割限定の研究作業を伴わなければ、決して成功しないだろう。子どもの発達を地域環境の文脈で捉え直すという研究が、いつしか学校という「文明化の装置」に呑み込まれて、学校の論理を補完するだけの地域活用論で終わるという事例を、私たちは少なからず見てきたからである。

【註】

1　宮原誠一（一九四九）「教育の本質」『宮原誠一教育論集』第一巻、所収、国土社、一九七六年、八頁。
2　宮原誠一、前掲書、七頁。
3　山崎正和『文明としての教育』新潮社、二〇〇七年、一一六頁
4　大藤ゆき『児やらい――産育の習俗』岩崎美術社、一九六八年、二六〇頁。
5　柳田國男（一九四二）『こども風土記』岩波文庫、一九七六年、四五頁。
6　高橋勝『文化変容のなかの子ども――経験・他者・関係性』東信堂、二〇〇三年、二八頁。
7　ボルノー・O・F（浜田正秀訳）『人間学的に見た教育学』玉川大学出版部、一九六九年、一六六頁。
8　高橋勝『子どもの自己形成空間――教育哲学的アプローチ』川島書店、一九九二年、八頁。
9　高橋勝『経験のメタモルフォーゼ――〈自己変成〉の教育人間学』勁草書房、二〇〇七年、一六七頁。
10　高橋勝・下山田裕彦編『子どもの〈暮らし〉の社会史――子どもの戦後五〇年』川島書店、一九九五年、二一頁。
11　高橋勝「教育関係論が切り拓いた地平」『教育哲学研究』第一〇〇号記念特別号、所収、教育哲学会編、二〇〇九年、一九一頁。
12　高橋勝、二〇〇七年、二〇三頁。
13　奥田睦子編『ヒア・バイ・ライト（子どもの意見を聴く）の理念と手法』萌文社、二〇〇九年、一三六頁。

14　岸裕司『学校開放でまち育て』学芸出版、二〇〇八年、九七頁。

第6章　子どもの日常空間とメディア

1　子どもの日常を支える電子メディア

朝のラッシュ時を過ぎて、昼近くの電車に乗ると、幼児を連れた母親の姿が目につく。数日前に電車内で見かけた親子の情景に目を奪われた。若い母親がベビーカーの子どもの目元に、スマートフォンを近づけて動画を見せていた。蒸し暑い車内ではあったが、生まれて半年くらいの乳児は身じろぎもせず、それに見入っている。母親は満足げであった。

もう一つは、別の日の電車内でのこと。比較的すいている車内で、偶然親子連れが座る席のすぐ横に、私は座った。まだ言葉も話さない幼児は、一人でスマートフォンを固く握りしめ、食い入るように動画を見ている。ところが、動画が止まると、急にギャーと大声をあげ、後ろにひっくり返って泣きはじめる。居眠りしていた母親が急いで操作して画面が元に戻ると、幼児は何事もなかったかのように、画面に見入っている。しかし、また画像が途切れるとギャーと泣いて、ひっくり返る。また母親が操作を加える。私が下車するまでの約15分程度だったが、三回ほど同じことが繰り返された。いずれも幼児とスマートフォン、忘れがたい光景だった。

二人の母親は、きっと子どもが車内で泣いたり、騒ぎ出したりしないように配慮して、スマートフォンを子どもに見せていたのかもしれない。一昔前なら、車内では、親がお話や絵本を見せるなどして幼児の気持ちをつないでいたものだが、今はスマートフォンが絵本に代わった。まさに電子メディアが子守りをする時代になった。親の役目は、中断した映像がスムーズに流れるように修復する工事人に等しいものとなった。

本章では、今や子どもの日常空間を構成する不可欠な要素の一つのなった電子メディアのもたらした人間形成的意味を考えていきたい。その功罪を問うといった二分法的思考をとれる段階はすでに終わっている。冒頭のエピソードのように、電子メディアは、すでに子どもの日常空間に深く食い込んでいるからである。そこで、子どもの日常空間を構成している電子メディアの現実を、私たちはどう受け止め、人間形成としてどう考えるべきかを検討していきたい。

2　映像メディアの吸引力

蒸し暑い車内でも、身じろぎもせずにスマートフォンの画面に釘づけになっている幼児の例を紹介したが、それでは、子どもはなぜ動く画像に、これほど惹きつけられるのだろうか。

動物学者の小原秀雄は、もう25年も前の著書で、動物とヒトの子のテレビ画面に対する認知の違いを説明している。動物病院の待合室にあるテレビ画面にイヌが目をやったとしても、イヌは画面上で動くモノにしか関心を示さない。画面全体を一場面としてゲシュタルト（全体構造）的に読み取ることはない。もちろんストーリーを追うこともない。アニメ画像に夢中になっている幼児は、それが中断されると、ギャーと泣き叫んでひっくり返るが、イヌは画面が中断されても何の反応も示さないだろう。

突然、画面にライオンがヌッと出てきてウォーと吠えたとしても、その画面がライオンの実物大でなければ、イヌは怯えることもないという。威嚇する声には反応するかもしれないが、猛獣の臭いもしない無機質な平面には、リアリティを感じない。テレビ、スマートフォンというミニチュアセットから実物を類推し、そのストーリーまで理解できるのは、ヒトの表象能力がずば抜けて高いからである。

嗅覚や聴覚の発達した野生動物とは異なって、ヒトが対象を認知する際に使用する感覚では、視覚の占める割合が飛び抜けて高い。イヌの嗅覚は、ヒトの何十倍も優れていると聞く。映像を見ることで、ヒトの子は、無臭であっても、そこに本物のライオンが近づいてくるように感じ取る。イヌが動くモノ程度にしか認知しない無機質な平面を、子どもは本物のライオンとして理解するのである。つまり、動物であれば、決して実物と取り違えることのない電子画面を、ヒトの子は実物と錯覚するのである。動物とヒトの対象認知の違いを、下図で説明しよう。

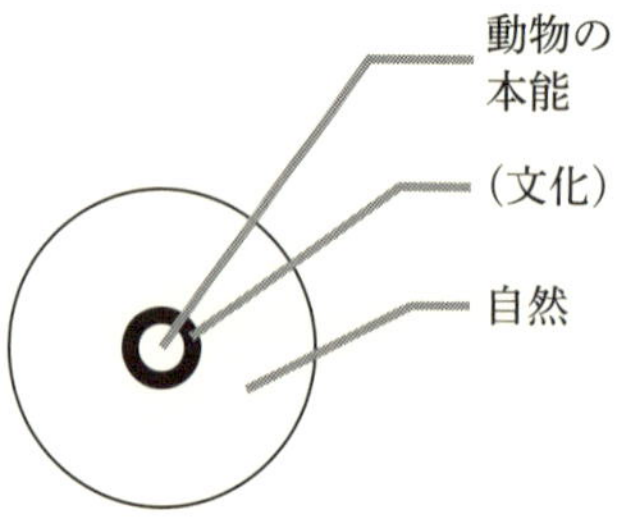

【A 動物】

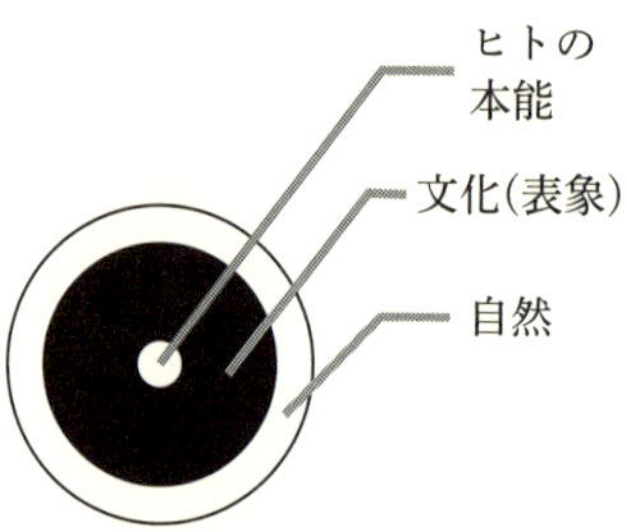

【B ヒト】

動物は、本能に予めインプットされた遺伝子のプログラムに従って行動する。その種によっては、後天的に学習して獲得する文化はないに等しい。しかし、イモについている泥を洗って食べる仲間の行動を模倣(学習)して、イモを洗う日本猿もいるから、後天的に学習する余地は全くないとは言えないので、カッコづきで(文化)を入れた。動物の文化は仮にあっても、ヒトのように本能を破壊することはありえない。

これに対して、ヒトは、文化(表象)という保護膜をますます厚くすることで、大自然の脅威に対抗してきた。江戸時代の漁師や農民は、その日の天候の変化を読み取る目と勘を経験則的に獲得してきたはずだが、現代では、空をじっと眺めて夕方の天候を予想する人はいない。天気予報はその地域の降水確率まで正確に教えてくれるからである。天気予報という情報(表象)を介して、私たちは自然と向き合う。

しかし、天候を予知する私たち自身の能力は、ほとんどゼロに等しい。ところが、外出先で夕方から雨が降り出し、天気予報が外れたりすると、私たちは、自分の無能は棚に上げて、気象予報士に文句を言いたくなる。すべてを己れの五感で判断し、行動する野生動物から見たら、ヒトは、文化という「ドラえもん」に頼り切った、ひ弱な「のび太」のようで、実に頼りない動物に見えるに違いない。

以上のように、動物とヒトでは、映像に対する反応が異なる。小原秀雄は、ヒトの子にとって映像メディアの有する圧倒的な吸引力を、以下のように問題視している。

「(テレビは・引用者)人間の声を出すので、さびしい子どもの相手になどと考えるのは、奇妙な機械、つまりテレビそのものとの対応が行動形成されてしまうことを覚悟のうえでしてほしい。テレビの『無機質さ』と接した現代の若者や子どもが、人間的な接触を知らないで、やたらに勝手な望みや願いをもち、それをかなえてくれるものとしてのみ親をみたり、そしてまた同じカマの飯を食う友を知らない孤独な者となる心配と無関係ではあるまい。」(『教育は人間をつくれるか』農山漁村文化協会、一九八八年、七二頁。)

ここでは、親子や友達と接触する手間を省いて、テレビに子育てを委ねてしまうことの危険性が指摘されている。それは、「現実」がメディアによって侵食されてしまうことへの警鐘である。小原がこう書いたのは、今から25年も前のことである。小原が危惧した通り、あるいは彼の想像を絶する速さで、電子メディアはヒトの子の日常空間に深く侵食してきた。今や電子メディアは、親に代わって子守りの役割まで果たすようになった。

3 子どもが育ち合う場所――自然・他者・事物との関わり合い

動物学者の小原は、野生動物が生まれ、乳を飲み、餌を食べて成獣になる過程で、群れのおとなたち、兄弟や仲間とのかかわり合いが欠かせないと言う。そこには、戯れや遊びもあるが、小さなイザコザや喧嘩がつきものである。こうした小さなイザコザを沢山かいくぐる経験を経るからこそ、おとなになって狩りをしたり、牧草を求めて移動したりする時に、ムダのない機敏な連携行動ができる。野生動物の成長は、こうした日常の関わり合う経験なしにはありえない。

したがって、動物の脳の働きは、目の前の大自然から切り離せない。疑似現実にひたる余裕は野生動物には与えられていない。疑似現実への迷い込みは、動物にとっては死を意味するからである。大自然とじかに対峙せざるをえない動物にとっては、自らの五感を鍛え上げた勘だけが頼りである。

ところが、前述のように、ヒトは文化的存在であり、長い歴史の過程で言語や道具という文化装置を作り上げてきた。メディアという語は、もともとラテン語のmedius（中間の）に始まるmediumの複数形mediaで、「中間、媒体、手段」を意味する。ヒトと自然との間に被膜のように介在する言語そのものが、メディアのツールである。メディアには、音声言語、文字言語、記号、画像、映像、象徴などが含まれるが、そこに実物が無くても、それがあるかのように喚起（錯覚）させるものがメディアである。イヌという言語は、そこにイヌがいなくても、たちどころに生きたイヌの姿を表象させる。

20世紀からの電子メディアの発達は著しく、目を見張るほどである。しかし、ヒトは文化という被膜を身に着けたことで、大自然の脅威を逃れることができたが、同時に、山野を駆け抜ける野生動物の鋭い行動感覚や五感を退化させてきたのではないか。動物は、大自然や仲間とじかに接することで、おとなになって獲物を追い求めるワザをごく自然に学習する。ところが、文化が高度化すると、人工空間が子どものからだを透明な包装パックのように包み込みはじめる。子どもの現実接触の機会は限りなく縮小する。

さらに電子メディアの登場は、ヒトの身体感覚に決定的な影響を与える。電子メディアは、自然、他者、事物と関わらなくとも、関わったかのような錯覚と満足感を与えてくれるからである。私たちは、谷川岳を実際に歩かなくとも、電子メディアを通して、ピンポイントの場所を歩き、小川のせせらぎ、鳥のさえずりを聞くことができる。ペットボトルで「谷川岳の水」も飲むことができる。視聴覚と味覚を貫いた代理経験は、限りなく現実に近づいていく。マルチメディアは、いずれ触覚や嗅覚も吸収した高度な代理経験を私たちに提供するようになるに違いない。

しかしながら、子どもの成長にとっては、こうした電子メディアの広がりは、望ましいことばかりではない。野生動物は、内に備わった行動力や瞬発力に日々磨きをかけながらおとなになると先に述べたが、ヒトの子もそうした運動能力や瞬発力を内に秘めて生まれる。ところが、電子メディア技術が高度化して、すべてを代理経験で処理できるようになると、そうした直接経験を嫌う傾向が顕著になる。

その兆候は、すでにはじまっている。スマートフォンのアニメ画像が中断するたびに、ひっくり返って泣き叫ぶ幼児にとって母親は、メディアの提供者でしかない。メディアという不可思議な魔物(?)の従属物となった子ども。これが、小原秀雄の言う、子どもの「自己家畜化」であり「自己ペット化」に他ならない。群れのなかで、喧嘩やゴタゴタを沢山経験し、試行錯誤を繰り返しながらたくましい行動力を鍛え上げていく野生動物の子育てから、私たちが学ぶべきことはないのだろうか。

４　代理経験の肥大化・直接経験の貧困化

哲学者のＷ・ベンヤミンは、ラジオ、レコード、映画が急速に発達した一九二〇年代のドイツにおいて、こうした複製技術が発展し、それまでクラッシックコンサートとは無縁であった大衆が、レコードでそれを聴けるようになったことを、社会の進歩だと歓迎している。しかし、同時に、レコードでは、コンサート会場における生演奏のもつ独特の雰囲気アウラ（オーラ）が消滅することも鋭く指摘している。複製技術とメディアの発達は、そこに身を置かなければ理解できない「経験の一回性」をそぎ落とし、反復可能な代理経験ばかりを増殖させる。メディアの発達は、ヒトの五感を含めた身体性による現実感受の機会を失わせる。こうした事態の進行を、ベンヤミンは「経験の貧困」と呼んだのである（Ｗ・ベンヤミン（浅井健二郎編訳）『ベンヤミン・コレクション』第二巻、一九九九年）。私はかつて、『子どもの自己形成空間』（川島書店、一九九二

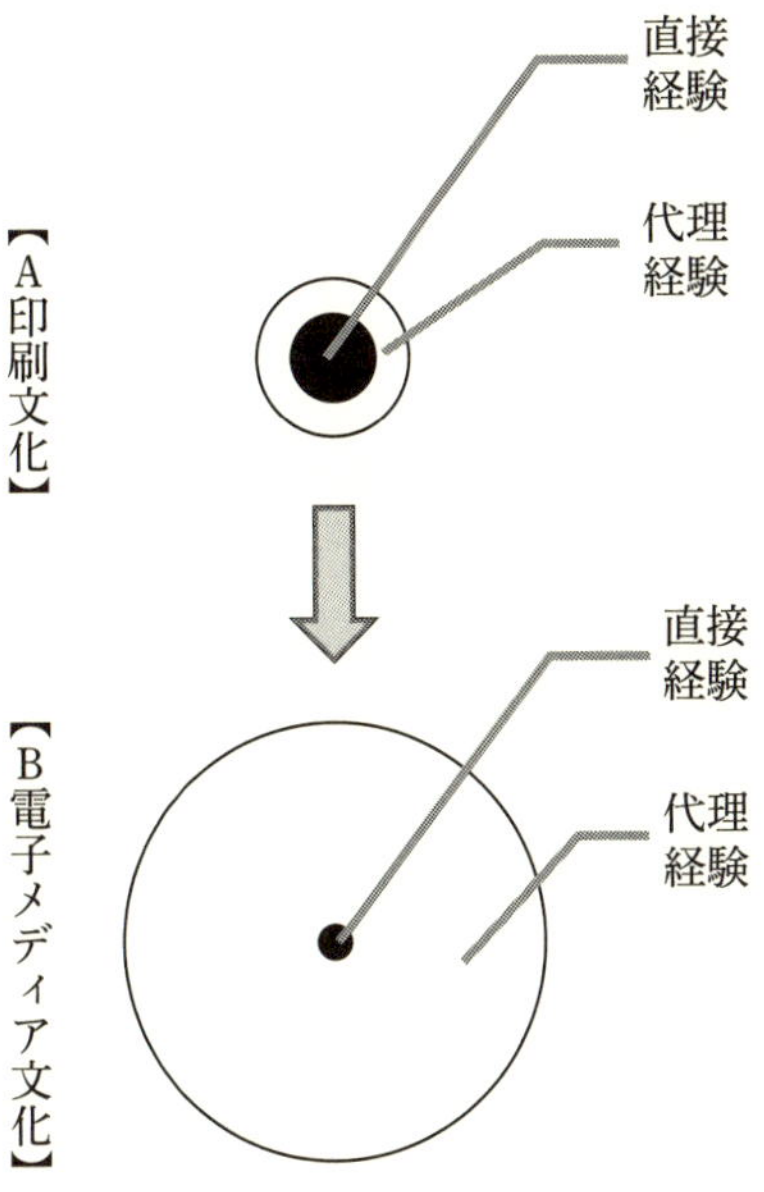

年）という自著で「経験の質的変容」を、前頁のような図で説明したことがある。

ヒトの文化は、①声の文化、②文学文化、③印刷文化、④電子メディア文化という四ステージで発展してきたとされるが（W・J・オング（桜井直文ほか訳）『声の文化と文字の文化』藤原書店、一九九一年）、ここでは、印刷文化と電子メディア文化の違いのみを対比して説明したい。前図の二重の円の内側は、直接経験（五感）によって獲得した情報、外側の円は代理経験によって獲得した情報で、円の大きさは情報量を示す。A（印刷文化）の外側の円は印刷媒体を、B（電子メディア文化）の外側の円は電子媒体を示す。

印刷文化の中心は、本、新聞、雑誌等であり、電子メディア文化の中心は、テレビ、ケイタイ、スマートフォン等である。ここで注目したいのは、印刷文化は、読書がそうであるように、ヒトを個人化させるが、活字が個人の直接経験の内部まで侵食することはありえない。活字を解読する基準（コード）は、あくまでも自己の直接経験にある。さらに文書類がそうであるように、印刷媒体は常に他者とのやり取りの手段（メディア）である。

ところが、電子メディアは、他者を必ずしも必要としない。ネット上では、メールやブログのやり取りはあるが、好きな映画、音楽、ゲームを一人で楽しみ、趣味の動物画像を収集することもできる。ネット社会で、オタクやコレクターが出現する理由がここにある。電子メディアは、子どもや若者を自己の世界に没入させる。それは、裏返せばナルシスティックな自己愛を増幅させ、他者に対する無関心な態度を広げることにもつながる。

あえて言えば、電子メディアは、子どもが成長する上では欠かすことのできない他者関係（社会性）と身体性（活動性や冒険性）という二重の要素を欠落させたまま現実回避の逃げ場所を用意することにもなりかねない。

5　子どもの日常空間に、自然・からだ・他者を回復させよう――結語にかえて

冒頭でも紹介した電車内の幼児のように、現代は、電子メディアが子守りの役をする時代である。もちろん電子メディアは、私たちに無数の恩恵をもたらしたことを否定するわけではない。しかし、すでに述べてきたように、印刷文化とは異なって、電子メディア文化は、自然や事物とじかに関わる身体接触を不要にし、他者との関わり合いをも排除しかねない問題を孕んでいる。野生動物が成長する上では、子どもの時期に仲間とじゃれ合ったり、喧嘩をしたりする経験が不可欠であるように、ヒトの子も、その成長過程では、自然、他者、事物と直接関わり合い、ゴタゴタした関係を潜り抜ける経験が不可欠である。ところが、子どもの日常空間はすでに電子メディアに覆われており、自然、他者、事物とのやり取りを要しない、森岡正博の言う無痛の文化システムがすでに出来上がっている（森岡正博『無痛文明論』（株）トランスビュー、二〇〇三年、三三頁）。

しかも、電子メディアという大海に囲まれた、最後の印刷文化の砦である学校ですら、今や電子黒

板を使い、教科書もデジタル化される方向で検討が進んでいる。このままでは、野生動物の子育てに学ぶどころか、ヒトの子は、ますます電子メディア文化に飼いならされて「自己ペット化」から抜け出す方途は見えてこない。

近年、子どもの群れ遊びが消え、いじめによる自殺、不登校や引きこもりといった対人関係に悩む子どもの問題行動が目立つ。いじめ撲滅、不登校ゼロ運動もよいが、そうしたモグラ叩きのようにバラバラな対策を一度中断して、その日常から自然が消え、他者が見えず、モノとも格闘しない子どもの無機質な日常空間をトータルに捉え直してみる必要があるのではないか。

そうすれば、いじめ、不登校、引きこもり、自尊感情の低さといった一連の問題は深いところで通底しており、子どもの生き生きした身体が無機質な人工空間に密閉されるようになった文明の病理と無関係ではないことに気づくはずである。教育関係者は、学力向上ばかりでなく、子どもの自然体験や社会経験、身体性の回復を抜本的に考え抜いた学校教育や社会教育を構想すべきであり、それを実践していく手立てを提案していく責務があるのではないか。

第7章　学校での学び、社会での学び

1　「生きる力」としての学力養成

一九八〇年代以降、日本は重工業中心の社会から徐々に情報と消費中心の社会へと移行してきた。いわゆる「ポスト産業社会」と称される情報・消費社会が新たに出現する。この頃から、学力の質が問題とされ、単に知識、技能を所有するだけの学力ではなく、子どもが実生活の中で様々に活用できる知識、技能、つまり「生きる力」としての学力が求められるようになった。

経験、体験、作業、ボランティア活動など、実社会に参加して「社会的文脈の中に身をおいて学ぶ学び方」を身につけることが、これからの学校の重要課題となった。とはいえ、制度化された学びの空間である学校の中で、どのようにすれば、社会生活に密着した「生きる力」としての学力を獲得することができるのか。ここでは、この問題に絞って考察していきたい。

２「学校での学び」と「社会生活の中での学び」

学校という制度化された空間において、どのようにすれば社会的状況に密着した学びをつくり出すことができるのか。この問題を考える前に、「学校での学び」の特徴を、「社会生活の場の中での学び」と対比しながら考察しておきたい。稲垣佳世子と波多野誼余夫は、「学校での学び」には当然メリットもあるが、しかし、同時に無視できないデメリットも数多く含まれることを明らかにしている[1]。

左頁の表は、稲垣佳世子と波多野誼余夫の前掲論文の内容を、「学校での学び」と「社会生活の場の中での学び」とを対比する観点から読み直し、筆者の視点で一覧表にまとめたものである。したがって、当然のことながら文章責任は筆者にある。

表に示したように、①目標、②プロセス、③現在と未来、④内容、⑤個人と他者、⑥評価のいずれにおいても、「学校での学び」と「社会生活の場の中での学び」とでは、大きく異なっている。しかも「社会生活の場の中での学び」に比べて「学校での学び」は、その必要性や意味の自覚、内容の経験的獲得、個人的興味の深まり、自己の内部における評価のいずれの点においても、動機づけが弱いこと

【学校での学びと社会生活の場の中での学びの特徴】

	制度化された学校での学び	社会生活の場の中での学び
①目標	学ぶことそれ自体が目標とされる。学習者がある活動に夢中に取り組み、ある作品を完成させたり、問題解決を行ったとしても、子どもが知識、技能を身につけない限り、学習したとはみなされない。	社会的に意味のある実践活動に参加することを通して、その活動に役立つ知識、技能がごく自然に修得されていく。こうした知識、技能の修得は、実践活動の結果、予期せぬかたちで得られる副産物であることが多い。
②プロセス	教育の専門家である教師に制御されて学習者の学びが意図的、計画的、効率的に進行する。試行錯誤の幅は少ない。	学習者の興味や関心のある対象に向かって学習者自身のペースで学びが進行するが、学びが深まる場合とそうでない場合がある。
③現在と未来	将来必要となる知識、技能の基礎を学齢期の子どもが学習することになるから、その意味や有用性を実感できない状態で学習が進行しやすい。動機づけが弱い。	社会生活の文脈のもとで、現在必要な仕事や興味ある作業において活動が進行するから、その必要性、切迫性、面白さが学び手の活動に活気を与え、動機づけが強くはたらく。
④内容	学習内容は、将来において役立つ知識、技能の基礎であるから、個別状況から離れた一般的、抽象的な内容にならざるを得ない。言語や記号操作が中心になりやすい。	ある特定の社会的文脈の中で、個別具体的な問題に取り組むので、内容は特殊化され、諸個人の経験を通して自然に身につきやすい。しかし、逆に言えば、一般的、普遍的な知識の獲得は難しい。
⑤個人と他者	それぞれの学習者の頭の中にどの程度正確に知識、技能が獲得されているのかが重要で、自分の頭の中の知識の出し入れが活発であることが重視される。他者に尋ねたり、辞典に依存することはマイナス評価となる。	現実の社会生活では、すべての知識をすべての人が所有している必要はなく、ある集団や組織内で必要な知識が分散して保持されていても構わない。知らないことは、他者に尋ねたり、辞典を引いたりすればよいので、学びがスムーズに進行しやすい。
⑥評価	学習者の進歩の度合いを、学習者以外の教師の基準によって外部から評価される。しかも、その評価は、学習者の学習プロセスや試行錯誤にかかわらず一定の尺度で画一的になされる傾向が強い。	ある仕事、作業、趣味に没頭してある活動を成し遂げることが目標であるから、知識、技能の修得度は、自己の内部で実感できるだけで十分である。学習の評価は外部には依存しないから、自尊感情が育ちやすい。

が難点としてあげられる。そもそも教師たちが、子どもの学びの動機づけに関して、あれこれ工夫し、腐心しなければならないこと自体、学校での学びには、はじめから動機づけが欠落していることの証拠であろう。

先に紹介した論文の中で、稲垣・波多野の両氏は、「学校化された学びの弊害」として、学習意欲の低下、学ぶ対象への深い理解の放棄、現実の問題に対処できない能力、「落ちこぼれ」を生み出すはたらき等をあげ、こうした弊害から抜け出す方策として、「より大きな共同体の中での中で学び合う経験」が重要であると指摘している(前掲書、七八頁)。それでは、「より大きな共同体の中での中で学び合う経験」とは何か。それを具体的にどう考え、どうつくり出してゆけばよいのか。

3　地域人材の活用による豊かな教育をどう実現するか

学校の授業に地域の人々が参加し、子どもが地域の人々とともに学ぶということは、学校的な学びの弊害から子どもたちを救い出してくれるばかりではない。子どもの学びに社会的文脈と確固としたリアリティを与えてくれると考えられる。ここで、一つの実践事例を紹介しておきたい。

横浜国立大学教育人間科学部附属横浜小学校の四年生が、二〇〇六年度の総合的学習の時間に、小さな学校農園で米作りを行った。六月にみんなで田植えをして、暑い時期に水をやり、草取りをしながら、やっとの思いでお米を収穫した。しかし、それをただ食べるのでは面白くないので、収穫した米で寿司を握ろうと子どもたちは発案した。ところが、いざ酢飯をつくって、寿司を握ろうとしたが、どうもうまく握れない。そこで、教職員がよく利用する寿司屋の職人を学校に招いて、教室で実際に寿司を握ってもらうことにした。

私は、ちょうどその時の授業を参観できたのだが、中年の寿司職人の男性は、子どもたちが見つめる中で、一人前の寿司職人になるには、長い修行期間が必要であることを、わかりやすく語り始めた。職人の親方に弟子入りして、すぐに寿司を握れるわけではなく、生《なま》の米を口に含んで、その種類を舌触りで言い当てるコツや寿司に適したお米の炊き方などを、からだに沁み込ませるように修得することの大切さを語った。はじめて聞く厳しい職人世界の掟を、子どもたちは身じろぎもせず、真剣に聞き入っている。

そして、いよいよ寿司づくりの実演。その手さばきの見事さに子どもたちは圧倒され、ため息すら洩れてくる。できあがった一〇個の握り寿司を、一つひとつ量りにかけて重さを記録する。すると驚いたことに、どの握り寿司の重さもほとんど違いがないことがわかる。なぜこのような神業《かみわざ》ができるのか。子どもたちから質問が飛ぶ。しかし、「口ではうまく説明できない」というそっけない返事。子どもたちの方が戸惑う。

次に、同じ酢飯を使って、職人から教わったように、子どもたちが寿司を握ってみる。できあがった寿司の味は、筆者も食べてみたが、グニャ〜としていて崩れやすく、たしかに美味しくない。職人の評価も厳しい。「こんなの寿司じゃないよ！」、「これでは、店に出せないよ！」。

いつもは、消費者の立場で気楽に寿司を食べていた子どもたちは、生まれてはじめて寿司職人の仕事の厳しさを目の当たりにする。寿司を挟んで、カウンターの向こう側は、ピンと張り詰めた厳しい職人の世界があることを、子どもたちは初めて実感するのである。

4　生産することの厳しさを学ぶ

現代の子どもたちは消費社会の落とし子である。幼い頃から消費行動は身についているが、一人前の仕事を成し遂げること、一人前の大人になることの厳しさを知る機会は非常に少ない。しかも、こうした厳しさを身近な親や教師が教えることは、きわめて難しい状況にある。ほとんど不可能と言ってもよい。

しかし、責任をもって働くこと、一人前の腕前や技術を身につけることの厳しさは、本来、社会の大人たちが教えるべきものである。専門的技術や腕前を有する地域の大人たちと交わることで、社会ではたらくことの大変さと働きがいをともに実感できる。まさにこの点にこそ、「学校での学び」の弱点を補強できる「社会生活の場の中での学び」の導入の必然性があると考えられる。

【註】

1　稲垣加世子・波多野誼余夫「学校化された学びのゆがみ」『授業と学習の転換』岩波書店、一九九八年、七一頁。

第8章　子どもの未来感覚を考える

「日本には何でもある。ただ希望だけがない」と言ったのは、作家の村上龍である。小説『希望の国のエクソダス』の中で語られるこの言葉は、作家の直観に基づくものであるから、真に受ける必要はない。日本の子どもたちは希望に満ちていると反論したい人もいるかもしれない。

しかし、それを「希望」と呼ぶか否かは別にして、日本の子どもが未来に対して抱く感覚やイメージは、後述するように、必ずしも明るいとは言えないように思う。村上の言葉ほど悲観的ではないにしても、子ども・若者が抱く未来への期待感は、決して楽観視できるほど前向きなものとは言いがたいのが現状である。「大人になること」に対しても、かなり否定的な傾向が見られるからである。それは、一体何が原因なのか。この問題を、東南アジアから日本に来ている外国人留学生の日本の子どもや若者に対する批評を一つの切り口にして考えてみたい。

というのは、日本に留学している外国人留学生の日本語弁論大会に出席する機会があり、いろいろと考えさせられる経験をしたからである。審査委員の一人として、彼ら／彼女らの日本語のスピーチを聞いたのだが、言葉の問題もさることながら、留学生たちが日本に長く滞在して、日本の子ども・若者、そして家族をどう見ているのかがスピーチの中に端的に表明されていて、現代日本の子ども・若者に対する的確な批評になっている。そこで、本章では、留学生の〈まなざし〉に、日本の子ども、若者はどう映っているのか、という問題を入り口として、現在の日本の子どもの未来感覚の現状について、具体的な考察と分析を行いたい。

1　アジアの留学生が見た日本の子ども・若者

筆者が出席した日本語弁論大会では、中国、韓国、ベトナム、マレーシア、ネパールから来た大学生、大学院生がそれぞれの考えをスピーチし披露した。そこには、それぞれのお国柄を超えて、いまの日本人に対する、ある共通した〈まなざし〉が成立しているように感じられて、驚かされた。

それは、戦後、いち早く工業化と経済成長を成し遂げた経済大国、日本に対する〈羨望のまなざし〉がある一方で、近代化の途上で日本人が失ってきたものに対する〈喪失感と愛惜のまなざし〉が見てとれることである。つまり、日本人が〈獲得してきたもの〉と〈失ってきたもの〉が、ダブルイメージで示されたのである。江藤淳の日本文化論の著作のタイトルにもあるように、日本の近代化を『成熟と喪失』としてみる矛盾した、もしくは醒めた〈まなざし〉が、外国人留学生から示されたことになる1。

このことは、第一に、家族のあり方に対する感想の中によく現れている。ベトナムから来たある女子学生は、こう述べた。スーパーマーケットで三ヶ月間アルバイトをしたが、その店のチーフ夫妻は、休日になると、姉弟の二人の子どものうち、小学校低学年の弟だけを連れて遊園地などに出かけていた。なぜか中学生の姉を連れて行かない。不思議に思って、思い切ってそのわけを聞いてみた。すると、お姉ちゃんは、土日は塾が忙しいし、中学生になると外出は、家族と一緒ではなく、主に親しい仲間とするようになるということを聞かされて、大変驚いたという。

ベトナムでは、家族のつながりは非常に強く、子どもが大学生くらいになるまでは、親と一緒に行動する。結婚するまでは、家族単位の行動の方が普通であるという。日本の子どもは、なぜ中学生の頃から親と別行動になるのか、よくわからないと疑問を投げかけた。また、自宅にいながらも、家族と食事をしないで、個室に籠って一人で食べる、いわゆる「孤食」の子どもも多いと聞き、ますます日本の家族はどうなっているのか、わからなくなったと述べた。

もちろん、彼女は、高度に発達した日本の科学、技術、経済、初等教育のみならず、中等、高等教育の普及の素晴らしさを指摘することを決して忘れてはいなかったが、同時に、家族のつながりの緩み、もしくは崩壊についても、率直な疑問を投げかけたのである。

第二に、子どもの遊び方についても、マレーシアから来た大学生から、疑問が投げかけられた。夕方の街を歩いていても、子どもたちの姿が見えない。道端で鬼ごっこに興じたり、群れて遊ぶ子どもがいない。学校はとっくに終っているから、子どもたちは、学校以外のどこかにいるはずなのだが、その姿が見えない。塾に行っているのか、テレビを見ているのかわからないが、街中で外遊びをする子どもの姿が見えないのは、とても不気味な感じがする、と。

こうした疑問に対して、ほぼ一九七〇年代から、日本の子どもの「群れ遊び」が崩壊したこと、子どもの遊びが、テレビゲームやお喋りなどの「室内遊び」に大きく変質してしまったことを説明することはたやすい。しかし、ただ説明しただけでは、「群れ遊びの消滅」によって、子どもたちが社会性を獲得するための重要な道筋の一つが閉ざされてしまっている現状を打開することはできない。マレーシアの学生の指摘は、たしかに重要な事柄であるのだ。

日本の子どもたちは、モノに溢れた豊かな社会に暮らしていながら、それほどの充実感をもたず、マレーシアの子どもに比べて、目に輝きが見られないのは一体なぜなのか。そのわけをぜひ教えてほしいという問いかけがあり、私たち日本人が答えに窮するという場面もあった。

第三に、いまの日本人の精神的風土についても、中国から来た留学生から鋭い指摘が投げかけられた。自分は中国の田舎から横浜に来てもう五年になるが、この間は、精神面、体力面で「苦労」の連続だった。中国には、「想像できないような苦労に耐えられれば、立派な人間になれる」という諺がある（「艱難汝を玉にす」）。自分はそう信じて、昼は大学で授業を受け、予習復習を欠かさず、夜と休日は、授業料と生活費を稼ぎ出すために、二つのアルバイトをこなしてきた。この五年間は、勉学と仕事の両立をはかるために、文字通り「苦労」の連続だった。

ところが、日本の大学生は、自分よりもはるかに豊かな暮らしをしており、時間とお金に余裕があるにもかかわらず、勉学に真剣に取り組んでいるようには見えない。中国では、夜の大学図書館でも数多くの学生が机に向かって調べものをしているが、日本の大学図書館では、試験の時期にならないと、人影がまばらで、閑散としている。

日本の若者は、「苦労」を避け、楽をして、得をすることばかり考えているように見える。「苦労」の価値をわかろうとはしないので、話が嚙み合わないこともしばしばあったと言う。そして彼女は、会場に詰めかけた多くの日本の若者に向かってこう述べて、スピーチを締めくくった。

「皆さん、苦労は怖くありません。怖いのは奮闘する気持ちを失うことです。将来、自分を振り返ることがあるでしょう。その時、後悔したりすることがなく、辛かったけどよい勉強になったなあーと言えるよう、いまは頑張りましょう」と。

ここでは、ベトナム、マレーシア、中国と三つの異なった国から来日した留学生（いずれも女性）の〈まなざし〉を紹介したが、他の東南アジア諸国からの留学生のスピーチも、総じて共通する〈まなざし〉を見て取ることができた。筆者は、日本語弁論大会の審査委員という役目ではあったが、日本語表現の評価もさることながら、いまの日本の子ども、若者を見る彼ら／彼女らの〈まなざし〉の鋭さに正直なところ驚かされた。そこには、私たち日本人が見過ごしてきた日本の子ども、若者の問題状況が、異なった感度をもったカメラから映し出された画像のように、くっきりと浮かび上がっていたからである。

2　日本の子どもの未来感覚

右に紹介したのは、発展途上国の青年の視線で日本の家族や子どもを観察すると、どう見えてくるのか、その一つの事例である。敗戦後、短期間に工業化と経済成長を成し遂げ、国民所得も向上し、学校教育の普及と学力の均質保障にも成功した日本は、東南アジアの留学生にとって、自国の未来を託す希望の国であることは間違いない。この十数年は、東南アジアからの大学留学生がますます増加傾向にあることも、そのことを裏づけている。

ところが、留学生が、日本の家族や子どもの現状を見る〈まなざし〉は、さきに紹介したように、肯定的なものばかりでなく、否定的なものも実に多い。そこには、矛盾に満ちたまなざしがある。彼ら／彼女らは、日本の経済発展と豊かさを一様に賛美するが、こと家族や子ども、若者の問題になると、急に厳しい〈まなざし〉に変わる。しかも、それは、学校教育に関することではなく、子ども、若者、大人の「日常の暮らしの感覚」に対する違和感として集中的に現れるのである。

家族の絆の弱体化、子どもの孤立化、消費文化が浸透する現状に直面して、首をかしげ、戸惑い、不安を隠せないのである。今回のスピーチでは、日本の経済発展と学校教育の普及への賛美の影で、家族、子ども、若者の「日常の生活スタイル」という次元が、厳しい眼で批判されているのである。

東南アジアの留学生は、総じて未来志向である。自国の未来、自分の将来に対して、希望と期待感に溢れている。農耕型社会を脱して工業型社会に移行する時期の発展途上国の国民は、来るべき未来に向けて強い期待と希望に満ちている。かつて一九六〇年代から七〇年代半ばまでの日本の社会が、まさにそうであった。高校進学率、大学進学率がうなぎ昇りの時期は、学ぶことの意味は、「苦労」をテーマにスピーチした中国の留学生のように、将来、必ず報われるという未来志向の「大きな物語」の文脈がしっかりと支えてくれていた。未来は誰にも開かれている。チャレンジすれば必ず報われるという未来志向の「大きな物語」が、子どもや若者の「苦労」「努力」「勤勉」の価値をしっかりと支えているのだ。

これは、高度経済成長を達成し終えて、いわゆる成熟社会、定常型社会の段階に入った先進諸国に共通する問題であるとも考えられる。子ども、若者に未来への期待と希望を抱かせるには、どのような物語が可能であるのか。かつてのような高度経済成長が見込めない今の定常型社会において、子どもは、どのような物語を未来に向かって紡いでゆけばよいのだろうか。

二〇〇五年一月に、神奈川県内の小中学生約一、〇〇〇人を対象にして、私の研究室が行った意識調査では、「将来の夢をもっていますか」という設問に対し、「夢をもっている」と答えた子どもの割合は、下の表のようになった。（単位はパーセント。小数点以下は四捨五入。無回答の数値を除く。）

これを見ると、小学四年で「夢をもっている」と答えた子どもの割合は七三％であるが、小学六年では六三％になり、中学二年では、何と四七％に減少する。学年が上がるにつれて、夢をもつ子どもの割合が激減するという結果である。中学二年生になっても、「夢をもっていない」生徒が過半数もいるのである。

日本の子どもたちは、なぜ夢をもてないのだろうか。これには、いろいろな要因が複雑に絡み合っているので、一言で答えることは難しい。第一に挙げられるのは、一九七〇年代の情報・消費社会の成立以後、子どもの身の周りから働く大人たちの姿が消えてしまったことである。かつての農作業のように、あるいは町工場での仕事のように、子どもたちが手伝い、

将来の夢をもっていますか？
（無回答もあるので、合計100％にならない）

	夢をもっている	もっていない	わからない
小4（％）	73	10	12
小6（％）	63	15	18
中2（％）	47	24	25

参加することのできる仕事はほとんど消滅した。自営業ですら、中学生が手伝うことは難しい社会となった。子どもたちは、身近な大人たちから人生の手本を学ぶ機会を奪われてきた。

身近に働く大人がいなくなったこと。それが、仕事の価値、学ぶことの価値、生きることの価値を実感し、意欲を育む機会を失わせてきたのではないか。消費社会は、サービス中心の社会であり、モノの販売であれ、対人サービスであれ、小中学生がそこに参加したり、手伝ったりすることはほとんど不可能になった。仕事の内容が高度化し、情報化し、サービス化するにしたがって、子どもたちは、仕事の現場から締め出され、逆に、消費者やサービスの受け手として扱われるようになった。いまや子どもたちは、家庭、学校、地域社会、学習塾など、どこにいても消費者であり、サービスの受け手になったのだ。消費者、サービスの受け手は、顧客、傍観者ではあっても、責任をもって仕事をする立場の人間ではない。要するに、「教育を要するヒト」(homo educandus) であり、「消費者」(homo konsumens) という名のお客様でしかないのだ。

彼ら／彼女らには、社会に参加したり、社会をつくり上げたりという経験を与えられていない。また、そのような期待もされていない。東南アジアの留学生の生活には、つねに働く親や家族の姿が影のようにつきまとっている。彼ら／彼女らにとって、学ぶこと、働くことの意味は、つねに家族全体の暮らしを向上させるものとして理解されている。自分の勉学は、自分一人だけのものではなく、家族の豊かな暮らしに直結するものなのだ。だからこそ、彼ら／彼女らは、「苦労」に耐えられるのである。

これに対して、日本の子ども、若者の勉学は、自分だけのためのものでしかないように見える。そこには、もはや自分が背負うべき家族は存在しない。家族は、自分のために高校、大学の授業料を払い、生活費まで出してくれるが、子ども、若者は、自分一人だけのために勉強し、将来の生活設計の視野に、恐らく家族は入ってはいない。その学びは、内向き(自己実現志向?)であるために、家族や地域、社会への広がりがほとんど見られないのである。

3 「大人になること」への抵抗感

東南アジアからの留学生たちが、日本の子ども、若者に接して抱く違和感や疑問は、日本の子ども、若者たちの孤立感であり、孤独であり、漂流感覚であり、要するに生活者としての汗の臭いのなさである。

日本の高校生や大学生はアルバイトをする者も多いが、それが彼らの生活費となったり、授業料になることはほとんど稀である。アルバイト収入は、若者の小遣いや海外旅行などのためのレジャー資金であるのが普通である。つまり、高校生や大学生は、自分の生活費や授業料を自分で稼ぐことをほとんど期待されていない。欧米諸国とは異なって、それは、親が負担すべき経費となっている。アルバイトは、あくまでも小遣い銭稼ぎのためのお手伝い仕事でしかない。親も学業を優先してか、子どもがアルバイトをすることを禁止する家庭もあるほどである。二〇歳を過ぎて、立派な大人として選挙権をもっているにもかかわらず、大学生でいる間は、親に生活費と授業料を依存することが何の疑いもなく広く認められているのである。

こうした、事情を反映してか、日本の子どもは「大人になること」に関しても、かなり否定的であり、消極的である。私の研究室における上記の調査で、「早く大人になりたいですか?」という設問に対する小・中学生の回答は、下表の通りである（無回答を除く数値、単位%）。

一見してわかることは、小四→小六→中二と学年が上がっても、大人に「なりたくない」子どもは、「なりたい」子どもの二倍前後もいるという事実である。しかも、小学四年から中学二年に至るまで、この数値に大きな変化は見られない。まことに残念なことではあるが、現在の日本の子どもは「大人になること」に、ほとんど魅力を感じてはいないと言わざるをえない。

それでは、小・中学生たちは、なぜ大人に「なりたくない」のか。その理

早く大人になりたいですか？

	なりたい	なりたくない	わからない
小4（%）	23	46	25
小6（%）	26	44	25
中2（%）	23	40	34

由を挙げてもらうと、小四、小六、中二のいずれの学年でも、示し合わせたように、①「今が一番いいから」、②「大人は大変そうだから」、③「はたらきたくないから」、「④やりたい仕事がないから」という順番になった。

こうした状況を、私たちはどう考えるべきなのだろうか。あえて言えば、子どもたちの大人拒否の姿勢は、実は当の大人たちが、子どもが「大人になること」を当てにしていないことの反映であると考えられる。大人たち自身が、自分の子どもが早く大人になることを期待していないのではないか。だから、子ども自身も、早く大人になろうなどとは考えない。子どもに仕事や出番が期待されていない社会では、子どもは当然子どものままでいることを選ぶし、早く大人になろうなどと殊勝なことは考えないのだ。

二〇〇六年に、日本青少年研究所が行った日本、アメリカ、中国、韓国の高校生（各国約七〇〇人）を対象に行った調査の中に、アルバイトをしているか否かを問う設問がある2。それに対する回答は、以下の通りである（単位は%。小数点以下は四捨五入。無回答を除く数値）。

この回答を見ると、アメリカの高校生のアルバイト経験率の高さが目立つ。

アルバイトをしていますか？

	日本	米国	中国	韓国
している（%）	16	37	10	6
したことはあるが、今はしていない（%）	15	21	13	30
したことがない（%）	69	42	77	64

約六割の高校生が、今している、もしくはしたことがあると答えている。日本の高校生でアルバイト経験があるのは、約三割で、七割近い高校生は、アルバイトを経験していない。興味深いのは、実はその次の設問に対する回答である。それは、「アルバイトの経験があなたの進路選択に役立っていると思いますか？」という設問である。回答結果は以下の通りである。

アルバイト経験が約三割の日本の高校生の七五パーセントが、アルバイトは「とても役に立っている」、「まあ役に立っている」と答えている。ところが、アルバイト経験が約七割のアメリカの高校生で、アルバイトは「とても役に立っている」、「まあ役に立っている」と答えているのは、五二パーセントで、半数近くの高校生は、アルバイトは「あまり役に立っていない」、「全く役に立っていない」と答えているのである。これはどう考えればいいのか。

恐らくアメリカの高校生のかなりの部分が、アルバイトをすることで自活の準備をし、家計を助けている。アルバイトではなく、家計を支え、自活するために仕事をしているのである。だから、その仕事が進路選択に役

アルバイトの経験があなたの進路選択に役立っていると思いますか？

	日本	米国	中国	韓国
とても役に立っている（%）	30	14	47	8
まあ役に立っている（%）	45	38	42	48
あまり役に立っていない（%）	18	31	8	37
全く役に立っていない（%）	6	16	2	7

立つか否かで仕事を選り好みする余裕がない。自活するために、家計を支えるために、内容を問わず賃金労働をしているからである。

高校生のアルバイト経験の比率を見てもすぐにわかるように、日本を含めて、中国、韓国などのアジア諸国では、子どもを保護し、包み込むという「母性原理」(河合隼雄)が強くはたらくために、子どもに早くから仕事を強いる文化がない3。だからこそ、高校生は、アルバイトを選り好みする余裕がある。そうした文化の差異(欧米における父性原理と東南アジアにおける母性原理)が、このデータにも映し出されているように思われる。

4　教育における母性原理からどう脱却するか——結語にかえて

右にも述べたように、日本の子どもは「大人になること」を、大人たちから期待されてはいない。まさにこの点が、子ども、若者の未来感覚を曇らせ、未来に夢を描くことを消極的にさせている最大の要因である。

日本の子ども・若者は、一方で早く大人になることを期待されている東南アジアの貧しい国々の青年たちと異なり、他方で豊かではあっても、早くから自立することを要請される欧米諸国の青年とも異なっている。一方には、いやおうなく自立を強いる貧困があり、他方には、神の前での自己規律を強いるキリスト教文化（父性原理）がある。ところが、日本の子ども・若者たちは、幸運なことに（!?）、大人へと追い立てるこの二つの文化的圧力を免れているのである。

一方で、社会的な貧困状態が消え、他方で、自立を強いるキリスト教文化のない日本では、子どもたちは、大人になりたくない、今のままが一番よいと、誰はばかることなく言うことができる。こうした二つの文化的圧力がないことは、子どもにとって、本当に幸運なことなのだろうか。決してそうとは思われない。

こうした文化的状況下で、子どもが未来に希望をもち、大人になることに意欲的になるよう励ますには、一体どうしたらよいのか。残念ながら、これには特効薬はない。高度経済成長を成し遂げ、「豊かな社会」を達成し終えたいま、再び貧しい社会に立ち戻ることはできないからだ。またその必要もない。要は、これ以上、教育や保護の美名のもとに、子どもを学校の中に囲い込んで、実社会から隔離することをやめる必要があるということである。大人と同様、子どもを社会の一員として承認し、家庭、学校、地域社会で、子どもができること、仕事、役割分担、社会貢献の場を抜本的に用意して、彼ら／彼女らの出番に大幅に委ねることが必要である。

子どもや若者を学校に囲い込むのではなく、あらゆる社会参加の輪の中に子ども・若者を押し出すことが必要なのだ。彼らには、すでにそうした資質も能力も十分にある。大人がそれをさせないだけなのだ。グローバル化した現代社会においては、アメリカの若者のように、早くから仕事、ボランティア、社会貢献の経験を積むことが不可欠である。

学校教育、社会教育を問わず、子ども、若者をいつまでも「子ども扱い」する日本的な母性原理から脱却して、子どもが早くから自立し、大人になることの喜びやチャレンジ精神を発揮できるような抜本的な施策がいま求められているのである。

【註】

1 江藤淳『成熟と喪失―〝母〟の崩壊』講談社文芸文庫、一九九三年。

2 財団法人・日本青少年研究所発行『高校生の意欲に関する調査――日本・アメリカ・中国・韓国の比較」二〇〇七年四月。

3 河合隼雄『母性社会日本の病理』中央公論社、一九七六年。

第9章　子どもが生きられる教室空間

1　〈まなざし〉が照らし出す学校空間

子どもたちにとって、学校はどのような場所なのだろうか。教師から見れば、学校とは、意図的、計画的に知識・技能を授けることで、子どもの知・徳・体の諸能力を育てる場所である。一人ひとりの子どもの知力、道徳性、体力を意図的、計画的に育成する場所、それが学校である。たしかに、そのことに誤りはない。幼稚園から大学まで、すべて学校と呼ばれる場所は、子どもの諸能力の発達を計画的に促す施設として理解されてきたからである。

しかしながら、少し視点を変えて、子どもの〈まなざし〉に立って、学校を眺めてみるとどうか。同じ学校でも、教師の〈まなざし〉とはまるで異なった風景が立ち現れてくる。そこには、休み時間にお喋りしたり、ふざけ合ったり、宿題を教え合ったりするクラス仲間がいる。みんなと一緒にいるだけで、気持ちが湧き立つ場所であるかも知れない。少し長い中休みの時間になると、保健室に行って、養護教諭とおしゃべりすることが楽しみの子どもがいるかも知れない。放課後の部活動のサッカーの練習を、授業中から心待ちにしている子どもがいるかも知れない。

子どもにとって学校は、家庭と同様の日常の生活世界の一部である。生活をともにする他者との応答の中で、喜びや不安によって彩られる空間が立ち現れてくる。子どもの学び合い活動を促すためには、教師といえども、こうした子どもの〈まなざし〉に立ち返って、学校や教室空間を捉え直してみることが必要なのではないか。いま、このような視点からの教師のリフレクション（振り返り）が強く求められる理由を考えてみたい。

2 〈まなざし〉のズレ――子どもと教師

学校は、そこに身をおく者の〈まなざし〉の違いによって、実に多種多様な顔を浮かび上がらせる。すでに述べたように、教師にとって学校とは、子どもの発達に向けて教育内容が組織され、時間と空間が教育的に配置された空間である。あらかじめ学校教育目標と年間指導計画が立てられ、学期ごと、単元ごとの目標が立てられ、教室は、これらの目標を達成するための秩序立ったオフィスとして目に映る。教師にとって学校とは、生産工場にも等しく、スケジュールと時間によって管理され、仕事が遂行される場所である。そこは、予想を超えた出来事や意外なことが生じにくい場所であり、むしろあってはならないシステム化された空間である。すべてのことが予測され、すべてのことが周到に計画される「プログラム的実践」が遂行される場所である。

ところが、前述のように、子どもたち自身は、学校の教室をそのようには全く感じてはいない。そこにはクラス仲間がいて、ゆうべ見たテレビの話をしたり、授業を受けながら、仲間の発言に耳を傾けたり、笑い合ったり、時には衝突もしたりする場所である。子どもと子ども、子どもと教師との関係がつながったり、ほどけたり、もつれ合ったりする偶発的要因に満ち溢れた場所である。

子どもにとって学校とは、そこで知識、技能を学ぶ場であるという以前に、まず仲間とともに遊びや学び、つまり生活を共にするコミュニティである。そこは、他者とのやり取りによって独特の意味や雰囲気が発生する磁場である。コミュニティは生きものであるから、予想を超えたハプニングも生じる。それが、子どもの生きる意欲や学ぶ意欲を励ますことにもなる。成功と失敗、感動と挫折、喜びと苦痛を何度も味わうことになる場所、それが学校である。長い学校生活を通して、子どもたちは、こうした豊かな意味に満ち溢れた世界(meaningful world)を、クラス仲間や教師たちと一緒に構築していくのである。

二〇〇五年度に、藤沢市立教育文化センターが実施した藤沢市内の中学三年生全員対象の「学習意識調査」の中に、「学校の中で、あなたが一番大切に思うのは、次のどれですか？」という質問項目がある。選択肢は、「勉強、友だち付き合い、部活、その他」の四つである。

その回答結果が大変興味深い。「友だち付き合い」七一・七パーセント、「部活」一〇・八パーセント、「勉強」八・八パーセント、「その他」五・四パーセントという結果であった。

圧倒的多数の中学三年生にとって、学校とは、「友だち付き合い」の場所として感じられていることが、この結果から読み取れる。その次に大切に思うのが部活で、勉強を大切に思う子どもは、何と八・八パーセントしかいない。すなわち、一〇人の生徒のうち、九人近くまでもが、「勉強」ではなく、「友だち付き合い」や「部活」を一番大切に感じているという生徒の実態が浮かび上がってくる。これは「勉強」を教える教師の〈まなざし〉からすれば、実に嘆かわしい結果として映るかも知れない。

また、学校と塾とを比較して、「私にとって楽しいのは？」という質問に、「学校」と答えた生徒が八〇・四パーセント、「塾」と答えた生徒は一四・六パーセントに過ぎなかった。

これらの意識調査から見えてくるものは何か。それは、子どもにとって学校とは、勉強の場である以前に、日常的な友人関係や生活の場として理解されているという点である。生活の場であるからこそ、「友だち付き合い」が非常に重要なウエイトを占めることになるのである。塾よりも学校の方が楽しいと感じている子どもが八〇・四パーセントもいるという事実は、裏を返せば、生活の場としての学校への子どもの期待度と満足度がきわめて高いことを物語っている。こうした子どもの〈まなざし〉から見える学校への期待や思いを、教師はきちんと受け止めておくことが必要なのではないか。

3　硬直化する〈教師のまなざし〉

しかし、近年、学校では、学校教育目標の具現化が強調されている。教師は、ただ漫然と授業を行うのではなく、地域の特性や子どもたちの実態に応じた学校教育目標、例えば、たくましく生きる力の育成、確かな学力の育成などの学校教育目標をつねに念頭において、授業や生徒指導を行うことが奨励されている。

日々の授業や生徒指導は、教育目標や年度計画を達成するための手段に等しいものとみなされる傾向にある。つまり、教育のプロセスにではなく、結果に重点が置かれる風潮である。これは、製造業モデルのビジネスの世界では当然のことかも知れないが、人間形成の世界では、そのままでは適合しにくい考え方である。

なぜなら、こうした結果志向、成果志向に縛られて子どもと接すると、教師は、出欠を取りながら、目の前の子どもの表情を読み取ったり、子どもの冗長なお喋りやムダ話にじっと耳を傾ける余裕をもてなくなるからである。いま現在という時間を子どものリズムで共有し、共感したり、共苦することができにくくなる。先生はいま忙しいのだから、質問や相談事だけを手短に言ってくれ、という対応になりがちである。子どもたちとの応答や生活の共有という、子どもの〈まなざし〉からすれば一番大事なことが、目先の目標達成のために切り捨てられてしまうのである。

年度計画や教育目標を過度に意識して行動するということになれば、あるがままの子どもの状態を受容することができにくくなり、目標達成という枠で切り取られた冷静な操作的思考で、子どもに接しなければならないからである。

たしかに教師の〈まなざし〉からすれば、学校とは、子どもの学力を高め、社会性を磨く場所である。しかし、子どもの〈まなざし〉からすれば、楽しく充実した学びができるかどうか、ともに活動したい仲間がそこにいるかどうか、自分を理解し、受け入れてくれる教師がいるかどうかに関心が集中するのは当然の理である。子どもの〈まなざし〉からすれば、応答的で情緒的な関係によって織り成される意味の豊かな空間こそが、学校だからである。そこにいるのは、授業のプロとしての職業的教師ばかりでなく、様々な場面で、様々な顔を子どもたちにフッと垣間見せてくれる大人の一人だからである。

4　〈子どものまなざし〉に立ち返る

子どもたちが学び合う授業とは、子どもたちの日常の学級活動の延長線上にある授業のことである。

そこには、ともに学び合うクラス仲間がいる。学級という小さなコミュニティが息づいている。そこでは、子どもの発言や発表は、個人単位であれ、グループ単位であれ、教師に向けて、というよりも、むしろ仲間に向けて行われる。子どもたちは、問題の追究場面において、仲間が何を考え、何を感じ、何をどう発表するかに耳を傾ける。そして、その発言に妥当性や説得力があるか否かを自分の頭で判断し、反応する。教師は、子どもたちの様々な追究や学びをつなげたり、関連づけたり、時には対立させたりすることで、その学習の深まりのある展開を方向づける。

教師が一人で授業を構成するのではない。子どもたちが協働して授業を創り上げるのである。子どもたちの学習活動が、それぞれの場面で活発化し、火花を散らすように、教師はその時々の触媒を用意し、ネタを隠しもって授業に臨む。これは、到達目標のみを意識した近視眼的な「**プログラム的実践**」ではない。子どもたちの追究、アイディア、関心のゆくえによって自在に展開される未来志向の「**プロジェクト的実践**」というべき授業である。

プロジェクトとは、単なるもくろみや企画ではなく、未来に新しい可能性や夢を投げ込む行為を指している。これに対して、プログラム的実践は、客船が時刻表に従って定期航路を進むように、あらかじめ航路が定められており、最終目的地も決められている。製造業や運送業をモデルとしたこのプログラム的実践をそのまま学校教育に持ち込むと、子どもが、もの言わぬ原材料、輸送品のように見なされて、子どもの〈まなざし〉不在の教育実践になり下がる恐れが多分にある。

プロジェクト的実践は、子どもの〈まなざし〉自体の進化をもくろむ教育実践であるから、授業を通して、そのつどの子どもの取り組み状況、学びの深まり、その後の授業展開への参画度が重要な指標となる。ここでは、知識、技能の獲得と学びの自律性、協働性という太い配線が、子どもの内部にしっかりと織り込まれながら授業が展開する。したがって、プロジェクト的実践の目標は、子どもたちの創造的な知性の展開であり、発揮である。それは、場合によっては、教師の〈まなざし〉が意図した授業目標にも是正を迫りうるダイナミックな学びの運動なのである。

プロジェクトとは、単なるもくろみや企画ではなく、未来に新しい可能性や夢を投げ込む行為を指している。共に学び合う授業づくりとは、子どもたちの追究と関係づくりによって構築される授業である。それは、子どもの学校生活の日常がストレートに反映される授業である。子どもの学びや生活への教師の日常の支援や関わり方が如実に顔を出す授業である。その意味でも、教師は、教師の〈まなざし〉ばかりでなく、常に子どもの〈まなざし〉に立ち戻って、彼ら／彼女らの学校生活や授業への願望や期待をリフレクションする（振り返る）ことが強く求められるのである。

第10章　子ども・若者・大人が出会うまち
――二〇五〇年の中野区の子ども・若者の成育空間を素描する

未来を予測することは難しい。ある意味では、あらゆる学問は未来を予測することを宿命づけられているが、自然科学のほんの一部を別にすれば、学問的予測は現実によって裏切られるのが常である。日食がいつ起こるかは予測できるが、地震がいつ起きるかの正確な日時は、未だ予測できない。とりわけ様々な要因が複合的に作動する社会や経済の動きに関しては、完全な未来予測は、ほとんど不可能に近いと言わざるをえない。

とはいえ、社会のおおよその動態に関しては、未来予測も全く不可能というわけではない。蓋然的な幅をもたせれば、ある確率での未来予想も可能となる。さらに、もう一つ大事なことを付け加えれば、社会の未来は、地球の自転のように、人為を超えた自然現象ではない。その社会に住む住民の日常の価値観や期待、願望によって、未来は日々刻々選ばれ、構築されていくものである。とすれば、本章で語られる中野区の未来は、中野区の住民の日々の意識や行動によって、すでに選択され、構築されつつあるとも言える。

二〇五〇年の中野区の子ども・若者の成育空間を予想するこの短いスケッチは、第三者的で、傍観者的な未来予測というよりも、観測者の期待や願望、不安などが多少なりとも投影されていることをあらかじめお断りしておきたい。四一年後の中野区の子ども・若者の成育空間を語るキーワードは、情報・消費型社会、自立、関わり合い、共生の四つである。

1　子ども・若者の成育空間の過去と未来

二〇五〇年の中野区の子どもたちは、どのような成育空間を生きているのだろうか。四一年後のことだから、小学生を対象にすると、その親となる世代もまだ生まれていない確率が高い。したがって、価値観の世代間伝承というミクロな視点ではなくて、社会の大きな変動というマクロな視点から四一年後の子ども・若者の成育空間を考えてみよう。しかし、その前に、中野区をその一部とする日本は、戦後どのような変動をたどってきたのか、ごく簡単に振り返っておきたい。

文明史的な変化で考えるとすれば、戦後の日本には、①農耕型社会の名残⇓②工業型社会⇓③情報・消費型社会の進展、という三つの大きな文明の波が押し寄せてきたといえる（A・トフラー（片岡孝

夫監訳）『第三の波』中央公論社、一九八二年／同（山岡洋一訳）『富の未来』上下、講談社、二〇〇六年）。

農耕型社会のなごり

農耕型社会では、子ども・若者は、現在のように一人ひとり独立した個人（単数形）としてではなく、「群れ」としてみなされた。それが、複数形の「子供」であり、「若衆」であった。敗戦後であっても、子どもたちは、農村共同体の担い手、つまり「一人前の村人」になるべく、年中行事を通して、大人世代から様々なイニシエーションを受けて育った。「一人前の村人」への期待と学校で教えられる人権の観念とは、時に矛盾し、対立し合うもの（共同体的世間の慣習と市民社会の倫理との対立）であったが、子どもが大人になる筋道として、二重の基準（ダブル・スタンダード）が混在する複層的な成育空間を行き来できたことは、子どもに生き方の幅をもたせる結果となったと考えられる。

工業型社会と高度経済成長

農耕型社会の人間形成システムが大きく崩れはじめるのが、一九六〇年代からの高度経済成長期である。高度経済成長期の日本は、科学技術立国をめざし、学校では、もはや村落共同体を支える村人を育てる（東井義雄『村を育てる学力』一九五七年）のではなく、都市に移住して、製造業などの工業生産に携わる人材育成に力を注ぐようになった。農村から都会へと若者は移住し、学力が高く、工業生産に従事できる人材育成が急がれた。

工業型社会は、学歴を重視し、職住分離を促進するばかりでなく、個人の社会的上昇の機会を広げ、社会移動の激しい状況を生み出した。それは、地方の過疎化と地域社会の空洞化を生み出すと同時に、工場で働く勤労者のベッドタウンとしてのニュータウンの大規模開発を促した。

中野区の特性——多様性の受容と流動——

中野区に、地方出身の多くの若者が移住し、定住するようになったのは、恐らくこの時期からであろうと思われる。そこには、交通の利便性という理由ばかりでなく、都市郊外の自然を切り崩して大規模に開発された広大なニュータウンの無機質的人工空間にはない、暖かみのある暮らしのたたずまいが、郷里の共同体感覚にも似た下町空間が、色濃く残っていたからであろうと考えられる。人口密度が日本でもっとも高い中野区の地方出身者を吸い寄せる魅力と磁力が、このあたりにありそうな気がする。下町的雰囲気は、子ども・若者の成育空間として重要であるばかりでなく、勤労者や高齢者にとっても、気の休まる居場所を与えてくれるからである。

学校の行き帰り、仕事の行き帰りに、超高層ビル街を闊歩するスキのないビジネスマンとはまるで異なった、高齢者、勤労者、子ども、カジュアルな若者といった生活者感覚溢れた人々の中に溶け込めることは、心の安心感（心のセーフティーネット）を与えてくれる。何らの違和感なく街にスッと溶け込めることが大事なのだ。とりわけ子ども・若者にとって重要なことは、誰かと一緒に居られるという居場所の感覚である。そこには、多少入り組んだ建物と小道があり、ごちゃごちゃした路地裏があり、暑い夏にはみんなで夕涼みをしたり、花火を楽しんだりできる場所があること。時間が超高速で走るオフィス街でも、時間が停止しそうな農村でもないこと。走りたい人と休みたい人とが何らの違和感なく同居できるまち。中野区という空間は、東京のど真ん中にありながら、時代の新しい波を敏感にキャッチしながらも、それに押し流されず、適度な距離と安らぎをも与えてくれるという、まるで生き物のような流動空間を形づくってきた。「多数多様体の流動」という、ある哲学者（G・ドゥルーズ）の言葉がフッと思い起こされるまちである。

情報・消費型社会という定常型社会

ところが、一九七〇年代後半から、日本にもトフラーのいう「第三の波」（情報と消費）が押し寄せる。情報、サービス、運輸、通信を中心とする第三次産業の波は、社会の中心を製造業から情報、消費行動へと大きくシフトさせてきた。生産労働中心のライフスタイルから、情報行動と消費活動中心の社会への転換が生じた。いわゆる脱工業社会、ポスト産業社会といわれる個人消費と情報を中心とする新しい社会の波が、日本の都市空間の様相を大きく塗り替えてきた。

一九八〇年代以降に生まれた現在の子ども・若者たちは、情報・消費社会の落とし子である。彼らは、生産者というよりも、選択し、利用する消費者であり、生活者というよりも、愉しみの享受者である。彼らは、農耕型社会に特有の「世間のまなざし」の厳しい縛りを知らない。工場労働をモデルとした集団行動や未来の成果を求めて今を耐える禁欲的な生き方には、なじめない。それよりも、自分らしく生きること、自己実現すること、今を輝いて生きることに限りない魅力を感じている世代である。

一九九一年に槇原敬之の「どんなときも」という歌が大ヒットした。「どんなときも、どんなときも、僕が僕らしくあるために～、好きなものは好きと言える気もち抱きしめてたい～」というフレーズは、情報・消費社会を生きる新世代の生活感覚を見事に活写している。高度経済成長の時期を脱した定常型社会（広井良典）では、会社や勤労中心の自己犠牲的な生き方が復活することはもはやありえないであろうと予測される。その意味では、「自分らしく生きること」は、四一年後の社会にも、したたかに生き残るキーワードになる可能性が高い。

2　多種多様な価値観が共生できるまち

情報・消費社会に生まれた世代は、共同体や集団を好まない。しかし、趣味や嗜好が合い、気の合う仲間との関わり合いは好む。地縁、血縁的共同体、社縁的集団での拘束的な人間関係には息苦しさを感じるが、趣味やサークル、ネット上で知り合った仲間との出会い（オフ会）には喜びを見出す。ライフスタイルとして、自分らしさ、自己実現、音楽的感性、趣味、嗜好にこだわるマイライフ世代が、ますます増えることが予想される。

もちろん世論の一部からは、現在もそうであるように、彼らの集団的行動力とハングリー精神の欠如、勤労意欲の希薄さ、「草食系男子」の嘆かわしさなどが指摘されるに違いないが、社会全体として見るならば、こうした価値観の多様化は、近代化を終えた成熟社会の一つの特徴を示していると考えられる。つまり、貧しい時代の農耕型社会や右肩上がりの工業型社会の時代のように、皆が同じ価値観に従って生きるのではなく、会社中心の人生を送る人と会社にはのめり込まない人、自分らしさを求める人や社会的弱者へのサポートに生きがいを感じる人など、多種多様な価値観の広がりを許容し、共生できる複雑系のまちであることが望ましい。その意味でも、先に見たように中野区という土地柄は、いくつもの好条件を備えている。

子ども・若者の自立心と共生感覚が育つまち

情報・消費社会の成立を見てきたが、四一年後の日本社会が、農林漁業や重工業中心の社会に舞い戻っているとは考えにくい。日本の食料自給率はもっと高めるべきだし、精巧なモノづくりの伝統も今以上に重視すべきだと考えるが、少子高齢化社会の未来を考えた時、情報、サービス、通信、福祉、対人関係などの第三次産業の発展の重要性は論を待たないだろう。四一年後の子ども・若者たちも、現在と同様に、第三次産業を主軸とする産業構造に生きることが予想される。

そこでは、家族の形態も、いま以上に多様化しているはずだ。日本人女性の二〇〇七度の合計特殊出生率は、一・三四であるが、景気が回復して、人々の間にゆとりが生まれれば、他の先進国並に増加に転じることも考えられる。しかし、あえて結婚を選ばない単身者や離婚した母子家庭、父子家庭などは確実に増えることが予想される。なぜなら、情報・消費社会は、大人、子どもを問わず、すべて「個人のニーズ」を中心に製品を開発し、情報を流しているからである。家族が助け合い、身を寄せ合って生活するのは、社会全体が貧しかった工業型社会までの話（近代家族の物語）で、貧しい社会から脱却した情報・消費社会では、家族の一人ひとりが「自分らしく生きる」ことが可能となり、また無言のうちにそう生きることが奨励されるからである。夫や家族のために犠牲になる母親像は、確実に減少するだろう。

「子どもたちだけのために年取った」母という歌の歌詞（井上陽水「人生が二度あれば」一九七二年）にあるような母親イメージは、現在ではそう多くはないだろうし、四一年後の社会では消えているに違いない。しかし、それにかわって、子どもを家に残して自立する母親や離婚する夫婦は確実に増えていくだろう。四一年後の家族の絆は、現在よりも弱まり、家族は苦楽を共にする運命共同体ではなく、契約による一時的共同体の性格を強くしていくかも知れない。みんなが一緒に働いて、家計を維持する農耕型社会や工業型社会が消えて、個人単位の情報・消費社会が成立したということは、そういうことなのである。

「貧しい時代」は終わったが、「寂しい時代」が到来しているかも知れない。情報・消費社会のもつ厳しい負の側面もしっかり視野に入れて、四〇年後のことを考えておきたい。その意味でも、教育においては、一人ひとりの人間の(内面的)自律と(社会的)自立ばかりでなく、家族を含めた他者との絆が大事にされる時代になることが予想される。

多世代が関わり合えるまち

子ども、若者が育ちやすい街の条件として、①自然的条件、②社会的条件、③文化的条件の三つをあげることができる。自然的条件としては、森林公園、雑木林などの街に残る緑が意識的に保存されていくことが大切である。社会的条件としては、子ども・若者の出番がたくさん用意されている街であることが大切だ。子ども会、青少年のボランティア活動、趣味のサークル活動など、学校が地域住民によって支えられ、地域と一体となった教育が行われていることが望ましい。さらに文化的条件としては、子どもが住む地域に、図書館、博物館、美術館、各種の芸術施設、総合的スポーツ施設、生涯学習センターなどが置かれ、学校外の様々な活動に取り組みやすい文化環境が存在していることが必要である。

欧米先進国の子どもと比較して、日本の子ども・若者は、学校外における学習環境、文化環境の劣悪さの中におかれている。日本の子どもの人間形成が、部活動などを含めて、もっぱら学校空間の中だけに集中し、それ以外の場所への活動の広がりが見られないのは、社会教育施設の貧弱さに起因するところが大きい。子どもたちは、小中高大と長いトンネルの階段を登るように学校に通い続ける。それ以外の経験、例えば、音楽サークル、ボランティアサークル、スポーツや趣味のサークル、社会奉仕活動やアルバイトなどの社会的経験がまことに貧弱である。スポーツ、音楽、趣味を通して、多世代の大人たちと出会い、交わる経験は、とくにキャリア形成の途上にある若者にとっては、重要な刺激になるはずである。

子ども・若者だけでなく、大人のリフレッシュもできるまち

子ども・若者が壮年や高齢者と出会うことは、子どもたちに人生の知恵が伝播されることだけを意味するのではない。働き盛りの男女や高齢者にとっても、子どもたちと出会うことは、少々頑なになった自分の価値観を再点検し、物ごとの多面的な見方を学ぶ機会を与えてくれる。それは、「大人の生き直し」を可能にし、人生をリフレッシュさせてくれる。子育てや若者の育成は、決して子どものためだけに行うわけではない。彼らとの出会いや関わり合いを通して、大人自身が固まりかけた日常性を抜け出し、自分自身を再生させる契機ともなることを意味している。教育という言葉が、しば

しば「共育」と言い換えられる理由がここにある。

以上、二〇五〇年の中野区の子ども・若者の成育空間のありようについて述べてきた。冒頭でも述べたように、これは傍観者的予想というよりも、むしろ時代の流れを下敷きにしながらも、筆者自身の期待や願望、不安なども滲み出てしまった未来予想のデッサンであることを、最後に申し述べておきたい。

第11章　都市部の子どもの対人関係の現在

1　都市部の子どもの「対人関係」の現在——調査結果が照らし出す子どもの社会的世界

はじめに——子どもはどう育つのか

このところ、いじめが原因とみられる小中学生の自殺や進学至上主義によるとみられる高校の必修科目の非履修問題が連日報道され、メディアでは、教育問題が過剰に露出ぎみである。これに対応するかのように、政府の「教育再生会議」も発足し、教育報道の加熱に一層の拍車をかけている。

いまの子どもにはどのような教育が必要なのか。教師は何をすべきなのかという議論は確かに必要ではある。しかし、現代の子どもは、どのような生活空間の中におかれているのか、彼らは何を考えて学校に通い、授業を受け、どのように放課後の時間を過ごしているのかという子どもの視点に立った分析は、喧しい教育議論の影に押しやられて、ほとんど出番が与えられない状態である。教えることは大切だが、その前に、いまの子どもが育つ社会的・文化的空間のありようを、冷静に捉えなおしてみることも必要なのではないか。

二〇〇五年四月に発足した「こころを育む総合フォーラム」(松下教育研究財団主催)では、各界の職者を集めて、これからの日本の子どもの教育には何が必要かを語り合ってきた。二〇〇六年一〇月のフォーラムでは、山折哲雄(宗教学者)が基調講演を行い、それをもとに四人のパネリストが意見交換を行ったが、パネリストの一人である鷲田清一(臨床哲学者)は、次のように語っている。

「子育ては、『育てる』という他動詞で語られる。むしろ『育つ』という自動詞を大切にしたい。気がつくと自然に育っていたと言える教育が一番いい教育ではないか。以前なら、子どもが自然に育つ場が社会で成り立っていた。一人に人間が、別の人間の面倒をそっくり見るということ自体が自然じゃないというところから始めたい」1。

ここで鷲田は、「子どもをどう育てるのか」という操作的な問いをひとまずカッコに入れて、「子どもはどう育つのか」という現象学的な問いに立ち戻ることの必要性を提言している。

確かに、「子どもをどう育てるのか」という問いにいったん巻き込まれてしまうと、大人の都合から諸要求が山のように出され、それらが複雑に絡み合って、「子ども不在」の教育議論が延々と続きがちになる。現在の日本の教育改革議論も、その傾向がないとはいえない。そこで本章では、鷲田も強調するように「子どもをどう育てるのか」という問いをいったん留保して、「子どもはどう育つのか」という現象学的視点に立ち戻って、子ども世界の現状を報告していきたい。

遊び仲間・塾

筆者の研究室（横浜国立大学教育人間学研究室）では、学長裁量経費によって二〇〇四年一二月一五日から二〇〇五年一月一〇日にかけて、「都市部の子どもの〈対人関係〉に関する調査」を行った。

調査地域は、次の三箇所である。

①横浜市の新興住宅（ニュータウン）地域
②横浜市の下町商店街地域
③神奈川県北部で山梨県境に近い田園地帯が広がる地域

調査対象は、各地域から同学区の小学校一校、中学校一校を抽出し、小学四・六年生、中学二年生のそれぞれ約三五〇名ずつ、合計約一、〇〇〇名である。

質問項目は、各学年・各地域とも全く同一である。この調査結果は、すでに『都市部の子どもの〈対人関係〉に関する臨床教育学的研究』[2]としてまとめられているが、本章では、その中のデータの一部を紹介しながら、「都市部の子どもの対人関係の現在」を、できる限りリアルに浮かび上がらせてみたい。

調査1 「放課後、よく遊ぶ友だちは何人ぐらいですか」

	1位	2位	3位
小4	2～3人	4～5人	6人以上
小6	2～3人	4～5人	6人以上
中2	あまり遊ばない	2～3人	4-5人

調査1の順位は、調査を行った三地域の平均値である。興味深いのは、友だちと遊ぶ人数は、小学四年生までは地域によって大きな違いは見られないが、小学六年生になると、ニュータウン地域の子どもだけは、下町地域・農村地域の子どもとははっきり異なった人数に変わる点である。すなわち、「一位・あまり遊ばない、二位・二～三人、三位・四～五人」という結果となる。ニュータウン地域の小学六年生では、「あまり遊ばない」が一位を占めて、中学二年生の生活スタイルを先取りする結果を示している。これを見ると、下町地域・農村地域の子どもは、小学四年生から小学六年生にかけての遊びは連続し、中学入学後に大きく変化するが、ニュータウン地域の子どもは、小学四年生と小学六年生の間で、遊びが急激に変わることが見てとれる。ちなみに、調査を行ったニュータウン地域の子どもたちの通う小学校児童の私立中学受験率は約三五％であり、私立中学受験の有無が、小学六年生の遊びに重大な影響を与えていることがわかる。

調査2をみると遊びの三位は、地域によって異なる結果を示しているが、興味深いことは、一位と二位とは地域差が全くないことである。中学二年生になると、遊びの室内化は決定的になり、「プリクラを撮る」「ゲームセン

調査2 「よくする遊びは何ですか」

	1位	2位	3位
小4	テレビゲームやゲームボーイ	友だちとおしゃべり	ブランコ サッカーカードゲーム
小6	友だちとおしゃべり	テレビゲームやゲームボーイ	サッカーおにごっこ漫画を読む
中2	友だちとおしゃべり	テレビゲームやゲームボーイ	マンガ・雑誌を読む

調査3 「学習塾やおけいこ・スポーツクラブなどに通っていますか」

	学習塾	おけいこ・スポーツクラブなど
小4	48%	78%
小6	58%	60%
中2	63%	28%

ターでゲームをする」「テレビ・ビデオを見る」が、地域を問わず上位を占めるようになる。

調査3では地域差が目立つ。小学四年生で学習塾に通う子どもは、下町地域が四〇％、農村地域が三五％に対して、ニュータウン地域の子どもは六八％と群を抜いて高い比率を示した。中学二年生で学習塾に通う子どもは、ニュータウン地域で七三％、下町地域で六〇％、農村地域で四八％であり、同じ神奈川県内でも、地域によって学力養成や受験勉強に対する姿勢に差が見られることがわかる。

インターネット・携帯電話

調査4の自宅でのパソコンの所有率は、地域による差はほとんど見られない。自宅にパソコンを所有する家庭では、ほとんどインターネッ

調査4 「自宅にパソコンがありますか/インターネットが利用できますか」

	パソコン所有	インターネット利用可
小4	78%	75%
小6	83%	80%
中2	85%	82%

調査5 「自分用の携帯電話を持っていますか」

	女子	男子	平均値
小4	32%	15%	24%
小6	46%	24%	35%
中2	67%	49%	58%

トへの接続が可能であることがわかる。

調査5の自分専用の携帯電話の所有率は、各学年とも男子に比べて女子の方が約二〇%も多い。これは、小学校高学年では、男子に比べて女子の方が社会性の発達が著しいことと、女子の親が、男子に比べて学習塾・おけいこ教室の往復の際に、子どもの所在確認や防犯の意味で所有させるケースが多いからではないかと考えられる。自分専用の携帯電話の所有率に関しては、地域差は全く見られない。つまり、情報機器の普及に関しては、地域による格差はほとんどないと言える。

友だち関係・いじめ

調査6の友だちが〈いじめ〉をしていたら「やめるように言う」子どもの人数は、学年が進むにつれて激減する。逆に「何も言わない」子どもは、学年が進むに

調査6　「友だちが〈いじめ〉をしていたらどうしますか」
（合計が100%でないのは「その他」「未回答」「誤記入」等があるため）

	やめるように言う	何も言わない	誰かに知らせる
小4	71%	9%	15%
小6	50%	19%	27%
中2	32%	38%	24%

調査7　「友だちが〈いじめ〉を受けていたら、どうしますか」

	助けようとする	何も言わない	誰かに知らせる
小4	73%	4%	20%
小6	59%	10%	17%
中2	50%	24%	17%

つれて増大していく。「やめるように言う」子どもが、学年が上がるにつれて激減し、逆に「何も言わない」子どもが、学年が上がるにつれて四倍以上に増える。この傾向は、地域によって異なることはなかった。このことは、子どもの仲間意識が、学年が上がるにつれて、少人数化し（二〜三人）、その親密圏が、ますます狭いものになっていくことを示している。「身近な仲間以外は、みな風景」（宮台真司）**3**と言われるように、少人数で蚕のマユのような濃密な仲間関係をつくり、それ以外のことには無関心で、傍観者的な立場をとる現代の子どもの対人関係の特徴が、クッキリと浮かび上がる数値である。

調査7の友だちが〈いじめ〉を受けていたら「助けようとする」子どもは、学年が進むにつれて減少している。逆に「何も言わない」子どもが、学年が進むにつれて倍増している。「誰かに知らせる」子どもの比率は、学年が進行しても、ほとんど変化は見られない。ここでも、「友だちが〈いじめ〉をしていた」ときと同じように、学年が上がるに従って、「何も言わない」子どもが増える傾向が顕著である。これは、友だちが〈いじめ〉をしていようが、受けていようが、それに関わることで〈いじめ〉がわが身に及ぶことを警戒して、「傍観者」を決め込む態度となって現れているように思われる。

これは、前述の設問と同様に、学級内における子どもの孤立化を示す数値である。「〈いじめ〉に対して、みんなで断固NO！と言う」協同的な学校づくり、学級づくりへの改善策が、早急に求められることを示す数値である。この結果は、〈いじめ〉問題の解決に対しては、〈子ども―子ども〉の相互的な関係づくりこそがきわめて重要なのであって、〈教師―子ども〉という一方向だけの関係では、問題の表層しか見えてこないという学級の重層性の現実をよく物語っている。

将来の夢

調査8の将来の〈夢〉をもっている子どもは、学年が進むに連れて減少する。逆に「もっていない／わからない」子どもは、学年が進むにつれて増大する。それは、子どもが何のために学校で学ぶのかが、よく理解できていない状況とちょうど裏腹の関係にある。本来は、夢を実現し、社会で自立するための手段であるはずの学習が、学力養成それ自体が自己目的化されて、勉強のための勉強を長期間強いられている子どもの現状が浮かび上がってくる。学校に長く通えば通うほど、ますます子どもの

調査8　「将来の〈夢〉をもっていますか」

	もっている	もっていない	わからない	無回答
小4	73%	10%	12%	5%
小6	63%	15%	18%	4%
中2	47%	24%	25%	4%

調査9　「将来つきたい職業がありますか」

	ある	ない	無回答
小4	38%	51%	11%
小6	52%	43%	5%
中2	48%	47%	5%

「夢」が潰されていくということの結果は、まずは学力養成が大事で、夢や職業選択はその後に開けてくるという、教育界に根強い学力養成一辺倒の学校像に強く反省を迫るデータでもある。

調査9の将来つきたい職業がある子どもは、平均値では小学六年生がいちばん高くなる。ニュータウン地域の子どもの場合、六年生では六〇％の子どもが将来つきたい職業をもっている。しかし、中学二年生になると、将来つきたい職業がある子どもの比率は減る傾向を示し、逆に「将来つきたい職業がない」子どもの比率が増える。小中学生で、「将来つきたい職業がない」が、一貫して約半数いる。学習が社会の現実から切り離されて、抽象化し、記憶ゲーム化している学校の現実が浮かび上がる。体験学習やキャリア教育導入の必要性が、ここでも重要になる。

調査10 「早く大人になりたいですか」

	なりたい	なりたくない	わからない
小4	21%	45%	26%
小6	25%	40%	31%
中2	23%	39%	34%

調査11 「大人になりたくない」理由

	今が一番いいから	大人は大変そうだから	働きたくないから	やりたい仕事がないから
小4	58%	22%	8%	7%
小6	56%	23%	9%	2%
中2	54%	24%	9%	4%

大人になること

調査10の「早く大人になりたい」と考えている子どもは小中学生を通して二〇%台しかいない。「大人になりたくない」と考えている子どもは、「早く大人になりたい」子どもの約二倍もいる。しかも「大人になりたくない」と「わからない」を加えれば、四人のうち三人の子どもは、「大人になること」に懐疑的であるという結果である。

それでは、子どもたちは、なぜ大人になりたくないのだろうか。

「大人になりたくない」理由は、「今が一番いいから」と過半数の子どもが回答しており、これに「大人は大変そうだから」、「働きたくないから」、「やりたい仕事がないから」が続いている。「大人になりたくない」理由の順位と比率は、小学四年生から中学二年生まで、ほとんど同じ結果となっていた。

「今が一番いい」子どもから見れば、「大人」や「仕事」は、ただただ「大変そう」なだけであり、何の魅力・憧れ・尊敬・期待をも呼び起こすものではない、という冷徹な現実が浮かび上がる。これは、子どもに問題があるのか、それとも大人社会の側に問題があるのか。子どもに社会規範を教えるというよりも、むしろ彼らにもっと社会的な仕事や出番を用意する必要があることだけは確かである。

結語――「大人社会」への経路が見えない子どもたち

以上、スペースの都合もあり、筆者の研究室が行った調査結果の一部だけを紹介したが、しかし、これだけでも、現代の子どもの「対人関係」の特徴を浮かび上がらせるには十分である。

最後に、その特徴を、箇条書き的にまとめておきたい。

①子どもの遊びは、小学四年生から中学二年生まで、ほとんど室内遊びが中心であり、戸外スポーツなどは、スポーツクラブで行う傾向が見られる。しかし、このスポーツクラブも、中学入学後に激減し、学習塾などの時間が放課後の大きな比重を占めるようになる。他方、ニュータウン地域の子どもにとっては、中学受験が小学六年生に重くのしかかっており、小学校四年生と六年生の間に遊びが変化するが、下町地域や農村地域の子どもにとっては、小学六年生と中学二年生の間が、遊びが少人数化し、室内化する時期であることが分かる。

②学校と学習中心の生活が、子どもの学習において、社会的文脈を見えづらくさせ、学習を抽象的

なものにし、学ぶことと「大人になること」「夢をもつこと」「仕事をすること」との結びつきを寸断させる結果を生んでいる。これほど学校教育に長期間依存しながら、なぜ学校に通うのか、なぜ学ぶのかがわからない子どもの姿が浮かび上がる。これは、子どもに問題があるというよりも、学校以外の社会生活とのつながりを排除した学校中心の人間形成システム自体に問題があると考える方が自然である。学校週五日制をしっかりと堅持しながら、子どもをもっと地域や大人社会に押し出していくための教育的方策が必要なのである。

③友だちが〈いじめ〉をしていた場合、受けていた場合のいずれにおいても、学年が上がるにつれて、「やめるように言う」「助けようとする」子どもが目に見えて激減する。人間関係のトラブルに進んで立ち向かうことを避け、それに巻き込まれないように傍観者の態度を決め込む子どもが増えていく。これは、拙著『情報・消費社会と子ども』(明治図書)でも詳しく論じたように、友だちや仲間の対人関係のトラブルからは距離をおきたがる現代の子どもの特徴といえる。「まさつ回避世代」と言われる現代の子どもの特徴が、ここにも典型的に現れている。

④学年が上がるに従って、子どもの将来への夢が、次第にしぼんでいく傾向が顕著である。これは、学校教育中心の生活の中では、学業成績や偏差値が、将来の〈夢〉の実現に深く関わることを次第に感じ取っていき、その結果、将来への〈夢〉や学習意欲が急速に削がれていく現状を物語っている。

⑤将来への〈夢〉のなさは、「大人になること」への期待感のなさにも投影されている。現代の子ど

もは、大人の仕事を間近で見ることができない。したがって、大人たちが、何に生き甲斐を感じ、何に喜び、何に苦しみを感じているのかがまるでわからない状況におかれている。大人社会から隔離されて、学校空間に長期間囲い込まれていることが、「大人になること」へ漠然とした不安を生む原因のようにも考えられる。キャリア教育・ボランティア教育などで、地域の大人たちともっと頻繁に関わり合い、できる仕事に積極的に参加していくための人間形成上の方策が、ここでも求められるのである。

【註】

1　読売新聞、二〇〇六年一〇月二八日付。

2　高橋勝『都市部の子どもの〈対人関係〉に関する臨床教育学的研究――神奈川県内の小中学生の意識調査を中心に』横浜国立大学教育哲学研究室、二〇〇五年三月。

第12章　子どもの視線・大人の視線

1　子ども・若者バッシングを止めよう

ゼミで学生の発表を聞いていて、一瞬驚いたことがある。私たちは「ゆとり教育世代」なので、学力が低いと、ある学生が語ったのだ。その根拠はどこにあるのですかと、私は思わず尋ねたが、別にはっきりした根拠はないという。世間で、そう言うじゃないですか、というのが、その根拠であるらしい。

身近な大学生と接していて、学力が低下してきたという実感は、私にはない。むしろ感じるのは、この学生のように、メディアの影響が甚大であることと他人の評価に実に敏感だという二点である。

最初の授業で、かならず受ける質問はこうである。この授業は出欠をとりますか、何回休んだらダメですか、この授業は試験ですか、レポートですか、と。城山三郎の『素直な戦士たち』（新潮文庫、一九八二年）という小説を彷彿とさせる。いつも他人のまなざしや評価に身を委ねてしまう、その自信のなさが若者の著しい特徴の一つである。

もちろんこれは、若者だけに問題があるわけではない。失われた一〇年と言われた一九九〇年代。経済が低迷を続け、私たちのライフスタイルも経済成長一辺倒から脱皮するチャンスを迎えていた。しかし、ちょうどこの時期に、日本はグローバリズムの荒波を受けて、企業ではリストラや海外進出などで、経済力の回復に血道を上げてきた。子ども、若者、「ゆとり教育」が、格好のバッシングのターゲットとなったのは、まさにこの時期である。日本経済は、韓国、中国、シンガポールなどの急成長の国々から追い上げを受けている。彼の国では、激しい競争と詰め込み教育が行われている。「自ら学び、自ら考える」などという悠長なことをやっている場合か、と。

こうして、欧米先進国モデルの「ゆとり教育」や選択教科、総合的な学習の時間などが目の敵とされ、学力向上と授業時数の増加へと急カーブが切られたのである。それは、子ども、若者に問題があったわけではなく、成長路線に組しない自由教育路線の非効率こそが真の問題であった。学力向上によって、子ども、若者の意識を、自由化や多様化ではなく、再びしっかりと堅実な成長路線に回収することが目されたと考えられる。

だから、不登校の子どもたちばかりでなく、引きこもり、ニート、非正規雇用の若者までもが、学ぶ意欲や勤労意欲のなさという理由でバッシングの対象となったのである。

しかし、私たちは、経済成長という指標だけで教育を語る時代は、もう終わったことを肝に銘じるべきである。新しい定常型社会の社会構想の中で、子ども、若者の活動を全面に押し出した教育を考えるべき時期に来ている。

2　沸き立つような喜びの体験

「生きる力」の源泉

子どもの「生きる力」を育てるということがよく言われるが、この「生きる力」の英訳を、文部科学省は、〈zest for living〉という言葉にしている。zest という英語は、あまり馴染みがないが、内面から沸き立つような歓びの感情を意味している。

学習指導要領にも盛り込まれた「生きる力」という言葉は、多様に解釈され、漠然としていて、何が「生きる力」の根幹なのかが見えにくいという印象があった。しかし、英訳の方は、非常に明快である。その内奥から沸き立つような歓びの感情をもつことが、「生きる力」なのである。とするならば、子どもにとっては、小さな成功体験とその喜びの体験の積み重ねこそが、まさに「生きる力」の源泉といえるだろう。

子どもにとって、学校は、学習の場である以上に生活の場である。そこが、もしも学習だけの場で、運動会や音楽会、部活動や学級活動などがない場所であるならば、子どものうちから沸き立つような喜びの体験は激減するに違いない。「学校が大好き」と答える子どもの比率も減るだろう。

みんなで創り出す活動

学級づくりで大切なことの一つは、みんなで何かを創り出すという協働場面を、どれくらい多く用意できるかにある。情報・消費社会に育った子どもは、一般にラクをして、トクをする生活に馴染んでいる。逆にいえば、ラクではなく、トクもしない学びや仕事を避ける傾向にある。これは、サービス中心の情報・消費社会のもたらした負の側面である。

したがって、子どもは放っておけば、消費者のままに放置され、社会を形成する生産者の意欲と能力が磨かれない状態におかれる。学びとは、本来、生産者、創造者として生きる意欲と能力を身につけていく営みに他ならない。学ぶ意欲の根底には、創り出すこと、達成することの喜びがあり、みんなで取り組むことで、その喜びは何倍にもなる。一つのことをみんなで苦労して、なし遂げることで、達成感と喜びを分かち合える。それは、ラクをして、トクをするだけのグータラな生活では到底味わえない全身的な充実感だ。

欧米とは異なり、学級経営、部活動、学校行事に力を注ぐ日本の学校は、こうした場面を豊富に用意してきたからこそ、子どもは学校に通うことを喜びとし、それが日本人の勤労意欲にもプラスに作用してきた。

沸き立つような歓びの体験

これからの日本は、チャレンジと達成型の社会となることは確実だ。校内合唱コンクールであれ、運動会の企画や運営であれ、環境問題や高齢者福祉への取り組みであれ、子どもたちが、学級単位、学年単位で試行錯誤しながら取り組む舞台演出が必要になる。子どもたちの協働体験が生み出すエネルギーと活気。こうした沸き立つような歓びの体験をたっぷりと味わい尽くすことで、子どもたちの元気とチャレンジ精神が醸成されていくのではないか。

3　子どもをまるごと承認する言葉

本章は「心を育てる学級経営」に掲載されたものであるが、以前から、筆者は本誌のタイトルが大変気に入っている。それは、学級経営に求められる多くの内容の枝葉をそぎ落としていって、最後まで残る大事な幹は何であるのかを、ひとことで言い当てているからだ。

子どもたちの豊かな心を育てること。それが、学級経営の基本であると。こうした学級経営の捉え方は、集団生活の規範を教え、学級集団づくりに主眼をおく学級経営論からみると軟弱な経営論に見えるかもしれない。

心を育てるのは、子どもが暮らす家庭であり、地域社会である。学校ではその土台の上に、しっかりと学力を育て集団生活の規範を教えるべきなのだという考え方が、従来は強かったように思う。

それはたしかにその通りなのだが、家庭が地域社会としっかりつながり、そこから十分な栄養補給を受けていた時代には、それで十分だった。しかし、いま地域社会は崩壊寸前の状態にある。地域の支えを失い、孤立した家庭に子育ての全責任が負わされる。子育てを喜びとしてではなく、経済的、時間的負担と感じる親が増えている。子育てをコストのかかる重荷と感じている親も少なくない。

しかし、子どもの心が育つには、自分がそこにいることを喜び、自分を無条件で受け容れてくれる親や教師の存在が不可欠である。

何かができたから褒める。上達したから褒める。こうした褒め方も大事だが、AちゃんやBちゃんがそこにいること、学習したり、遊んだり、ともに給食を食べたりして、そこにいることだけで十分価値があるのだという存在承認のメッセージが、有形無形のかたちで子どもたちに伝わることが大切なのだ。

学校は、学力や社会性を育む場所なのだが、それ以前に、家庭と同様に、子どもが無条件に、まるごと承認される場所でもあることを、様々な仕方で実感させたい。

4　子どもと携帯電話のかかわり

子どもと携帯電話のかかわりをめぐる問題に社会の関心が高まっている。二〇〇九年六月、石川県議会は、小中学生に携帯電話をもたせないよう保護者が努める規定を盛り込んだ条例を可決した。自治体の条例で、小中学生の保護者に対して、防災、防犯その他特別な場合を除き「携帯電話端末等を持たせないよう努めるものとする」との努力義務規定が盛り込まれたのは、全国でも初めてのケースである（「いしかわ子ども総合条例、第三十三条の二、第三項」二〇一〇年一月一日施行）。

すでに文科省も、小中学校への携帯電話の持ち込みを原則禁止すべきとの通達を二〇〇九年一月に出している。今回の石川県の条例制定は、学校への持ち込み禁止の範囲をはるかに超えて、そもそも携帯電話は、小中学生の生活には不要であるとの判断の表明でもある。教育関係者は、今回の措置をどう考えればよいのか、私見を述べてみたい。

文科省の調査（二〇〇九年二月公表）によれば、子どもの携帯電話の所有率は、小六で二四・七％、中二で四五・九％、高二で九五・九％である。しかし、これはあくまでも全国の平均値であり、地域によって、その所有率にかなりの差が見られるのが実情である。

神奈川県教育委員会の調査（二〇〇八年六月公表）によれば、県内の子どもの携帯電話の所有率は、小学生三七・五％、中学生七六・二％、高校生九六・五％で、小中学生に関していえば、文科省調査の平均値を一二から三〇ポイントも上回っている。

先の文科省の調査で、東京を含む大都市と郡部における携帯電話の所有率を比較してみると、そこには大きな格差があることがわかる。小六では三〇・六％（大都市）対一八・九％（郡部）、中二では五〇・五％（大都市）対二六・七％（郡部）である。所有率になんと二倍近くの格差が見られる。

また携帯電話を子どもにもたせた理由を調べると、「塾や習い事を始めたから」と回答した小六の保護者の割合は、大都市では五〇・六％にも上ったのに対し、郡部ではその半数（二四・六％）に過ぎなかった。

さらに携帯電話をもつようになった理由の小六自身の回答では、「保護者からもつように勧められたから」が四〇％を大幅に超えて第一位を占めている。小学生が携帯電話をもつに至る理由として、大都市では、保護者の意向が強く反映していることがわかる。

以上のように、子どもの携帯電話の所有率の地域格差と保護者側の意向を視野に入れて考えるならば、石川県議会のとった今回の措置は、一つの選択肢ではあるが、この方式が他県にも無条件に当てはまるとは、やはり考えにくい。

たしかに携帯電話を所有することで、子どもがメールのやり取りに気をとられて、生活や睡眠が不規則になったり、ネットを介して犯罪やトラブルに巻き込まれるなどの深刻な事例も少なくない。

子どもとメディアをめぐる問題では、大人自身のメディア対応の力量が問われる。明暗二つの顔を合わせもつ携帯電話を、安全を最優先して、子どもから遠ざけるべきなのか、それとも、大人社会では不可欠な文明の利器を、ツールとしてしっかり使いこなすメディア・リテラシーを早くから子どもに施すべきか。

有害情報の進入を防ぐために、製造業者にフィルタリングを要求し、家庭、学校、地域で携帯電話の節度ある利用法を話し合うなどして、子どもたちだけでなく、大人自身が深くかかわって、メディア社会の倫理と技法をしっかりと身につけさせていく努力こそが、いま求められているのではないか。

5　「心の教育」をどう考えるか

「心の教育」という問題は、教育問題の中でも難題の一つである。その大きな理由は、「こころ」というコトバの意味が曖昧で、学問的検証の対象になりにくい点にある。

学級経営の理論と実践については口を閉ざす教育の素人でも、話題が「心の教育」になれば、誰でも自分の思いを開陳できる。

何が正しく、何が間違った議論であるのかを正確に識別できる学問的土俵ができあがっていないからである。「こころ」というコトバの定義や共通理解がないままに、雲をつかむような感情論が繰り返されてきた。

にもかかわらず、「心の教育」が教育界から消えるどころか、何度も復活するのは、子どもの道徳的規範の現状に不満や危機感を募らせる人にとって、道徳教育や生徒指導よりも、「心の教育」の方が直裁に子どもの「こころ」を動かし、即効性があるかのように考えられてきたからである。

紙幅がないので、筆者の結論を先取りするが、この問題では、まず「こころ」の概念を整理し、限定していく理論的作業が必要である。少なくとも、それは、「道徳教育」や「情操教育」と、どこが同じで、どこが違うのかが説明されなければならない。

第二に、学校カリキュラムは、実社会を生きていく上で必要な知識、技能という観点で、もっぱら世俗的内容や価値（教科、道徳教育、特別活動）で構成されているが、こうした世俗的内容を超えた価値（例えば、宗教を含む超越的な価値）をきちんと教えるべきか否かという議論を、真正面から行う必要があるということである。

「心の教育」で重要になるのは、学力や個性の伸長、社会性の発達といった学校教育の世俗的価値を超え出る部分である。人間の生と死、自己理解と他者理解、生きていることの不可思議さ、利害を超えた崇高な価値の存在など、世俗的価値をはるかに越え出た内容を含まない「心の教育」なるものは考えられない。いうまでもなく、欧米では、これまで宗教教育や情操教育が主に受けもってきた領分である。

しかし、宗教系の私立学校を除いて、世俗的教育に限定された日本の学校では、梅原猛もつとに指摘してきたように1、そもそも世俗を超える価値を子どもに教える教育は、まことに貧弱であったと筆者も思う。道徳教育ですら、社会規範の定着という功利的観点から価値が選ばれてきたのである。

しかし、近代化を達成し、成熟社会に入った現在、子どもや青年は、自分が生きる意味、働くことの意味が見出せない精神的な空白状況におかれている。人は、なぜ学ぶのか、なぜ生きるのかが実感できないのである。その結果、癒し、精神世界、スピリチュアルな霊的世界などの擬似宗教に心惹かれる心性も顕著になってきている。

「ビジネス科」「よのなか科」に見られるように世俗教育への徹底が時代の一つの要請であるならば、同時に「人間科」「哲学科」といった世俗を乗り越えて、人生そのものと真正面から向き合う学習が必要になる。それがなければ、日本の学校は、空洞化の度合いをますます深めていくに違いない。

教育再生会議の場で、「道徳」時間を教科に「格上げ」する議論が起きていることが報道されたが（朝日新聞、二〇〇九年三月二〇日付）、この問題については、別の機会に譲りたい。

【註】

1　梅原猛『人類哲学序説』岩波書店、二〇一三年、一六四頁。

第13章　子ども・経験・メディア

1　教師の手のひらに乗らない子ども

春四月、先生方の人事異動の季節である。新聞にも、県下の小学校から高校までの先生方の異動が大きく掲載されている。新聞には、この春、めでたく定年を迎えた先生方と同時に、様々な理由で、定年よりも前に教壇を立ち去る先生方の名前も載せられている。

近年、子どもが変わった、わからなくなったと感じて、定年前に教壇を去る教師の数が増えていると聞く。四〇代後半から五〇代が多いという。たしかに、教師の目の前にいる子どもたちは、お釈迦様の手のひらの上を飛び回る孫悟空ではなくなったように見える。みんなで一緒に楽しいクラスを創っていこうと指導しても、勝手な行動をしたり、クラスの輪に溶け込めない子どもが増える傾向にある。なぜなのだろうか。

子どもたちは、すでに情報・消費社会を生きている。それは、一人ひとりにたっぷりとサービスが与えられる社会である。以前、ファミリーレストランで食事をしていた時に、隣の席に夫婦と小さな男の子二人が座った。次の瞬間、私は子どもの信じられない言葉を聞いて、一瞬、わが耳を疑った。「ボク、ハンバーグじゃ嫌だよ!」と、男の子は言ったのだ。父親は、それをたしなめるわけでもなく、わかった、わかったとなだめる顔つきで、四人分のステーキを注文した。これを、微笑ましい光景と見る人も多いだろう。

しかし、私は、この時、子どもは、もう「一人前の大人」として振舞っているのだと実感した。私たちが子どもの頃には、ハンバーグは、文句なくご馳走だった。ステーキが、まだビフテキと言われていた時代、子どもが勝手にビフテキを注文することなど、とても考えられなかった。せいぜいハンバーグか、お子様ランチで十分だった。

しかし、今、小学校低学年の子どもが、当然の権利のようにステーキを注文する時代となった。お前には、まだ早いという声は、どこからも聞こえてこない。

ところが、学校は、消費する場所ではなく、生産することを学ぶ場所である。みんなで努力して、授業やクラスを創り上げていく場所である。まだ早い、我慢しなさいと、家庭で言われたことのない子どもたちが、そう簡単に教師の手のひらの上で踊るとは思われない。

2　高校生の善意の示し方

土曜の午後、講演の仕事があって、電車に飛び乗った。昼下がりということもあり、乗客はそう込んではいなかったが、座席は人で埋まっていた。部活動の帰りらしい四人の男子高校生が、ボストンバッグを床に置いて、入り口近くで喋っている。

どの男子も髪の毛を鶏のトサカのように逆立て、ネクタイは思いっきりYの字型にゆるめ、ズボンもズレ落ちそうな格好である。いわゆるダラシナ系である。明日は試合があるらしく、練習の話に夢中になっている。

次の駅で、腰の曲がった老女が入ってきた。彼女は、背を丸め、入り口近くでうずくまる様にして立っている。電車が動き出す寸前、乗客が降りて、席が一つ空いた。私が老女に声をかけようとした瞬間、今まで喋っていた高校生の一人が、仲間に向かって大声でこう言った。

「おい、お前、おばあさんに、あそこの席が空いたよって、言ってやれよ。」言われた男の子は、座席の方を振り向き、空席を指さしながら、こう言った。「おばあさん、あそこが空いてるから座りなって、こいつが言ってるよ。」老女は顔を上げ、空席を見つけ出すや、ヨロヨロとその席に座り込んだ。高校生たちは、何ごともなかったかのように、部活の話を続けていた。

高校生たちが、話に夢中になっているかに見えて、実は老女の存在に気づき、席が空くと、すぐに彼女に教えてくれたことに感心した。しかし、その物言いは、決して素直ではない。「おばあさん、席が空きましたよ」と教えるのではない。「お前、おばあさんに、あそこの席が空いたよって、言ってやれよ」と、おばあさんに聞こえるように言うのだ。また、仲間も「あそこが空いてるから座りなって、こいつが言ってるよ」と言うのである。

老女への自分の善意をむき出しにしない絶妙な物言いである。彼女への善意を、互いに仲間のものとして伝えているのである。日本の高校生は、気の合った少数の仲間内では濃密な関係を作るが、外の出来事に対しては無関心を示す傾向が強いと指摘したのは、社会学者の宮台真司氏である。「身近な仲間以外はみな風景。」

たしかにそう思う場面も多い。しかし、一見、ダラシナ系に見えた高校生が、外の世界としっかり関わっている現場に立ち合えたことが嬉しかった。それにしても、何と素直でない善意の示し方であることか。

3　こども環境学会・横浜大会——はじめに子どもありき

大型連休に入る直前の四月二七日(金)〜二九日(日)の3日間、横浜市開港記念会館を会場にして、こども環境学会・横浜大会が開かれた。この学会は、子どもの遊び空間の研究で有名な東京工業大学名誉教授の仙田満氏(環境デザイン研究所長)の呼びかけに応えて集まった会員により二〇〇四年四月に発足し、今大会でちょうど3年目を迎える。

会員は、環境デザイン、建築学、都市設計、芸術学、精神医学、保育学、演劇など、幅広い分野を横断した研究者、実践者の集まりで、現在七〇〇名を越えている。今大会のテーマは、「こども・まち・おとな―キッカケの扉を開こう―」である。大会実行委員長としての基調講演で、私は、現在の教育改革は、子どもを教室に囲い込んで、「教える」ことばかりに熱中する傾向にあるが、子どもが育つ自然的、文化的、社会的環境の劣悪状況を見落としているのではないか、豊かな感受性と社会性を具えた人間として「子どもが育つ空間」をどう創り出していくかを、もっと真剣に考えなければならないと訴えた。

国際シンポジウム「こども・家族に優しい都市」では、ミニ・ミュンヘン（NPO法人・文化と遊び空間）代表のゲルト・グリューナイズル夫妻、フィリッピン教育演劇協会代表のアニー・クローマ氏、ソウル大学の陳美静博士、前田正子前横浜市副市長が登壇し、国際色豊かな議論が展開された。この三日間に、3つのシンポジウム、8つの分科会、ワークショップ、ポスターセッションなどが執り行われ、一般の市民を含めて五〇〇名を越える参加者があった。

こども環境学会は、ふつうの学会とは性格がまるで異なっている。例えば、私も所属する日本教育学会は、そのほとんどが教育学の研究者で構成されている。したがって、建築家、野外活動家、絵本作家、教育学者が一同に会して議論することは、ほとんどあり得ない。ところが、こども環境学会は、「はじめに学問ありき」ではなく、「はじめに子どもありき」で人が集まる。

ここでは、私は教育学の専門家ですから、学校建築や絵本のことは分かりませんという逃げ口上は通用しない。多種多様な専門家、実践家と議論し合い、交流する中で、自分の視界が広げられ、教育のイマジネーションが大きく膨らむ。いささか酸欠状態の今の教育界に最も必要なことは、外の新鮮な空気を思う存分吸い込んで、教育のイマジネーションを豊かにしていくことではないか。

4　子どもの「幸福度調査」——孤独な日本の子ども

国連児童基金（ユニセフ）は、今年の二月に「豊かな国における子どもの幸福度（well-being）調査」の概要を発表した。ＯＥＣＤによる生徒の学習到達度調査（二〇〇三年）の結果は新聞各紙の一面を飾り、多くの議論を巻き起こしたことは、まだ記憶に新しい。しかし、同じ国際的機関による子どもの「幸福度調査」の結果の方は、新聞数社の片隅に小さく報じられたに過ぎない。

この報告書では、ＯＥＣＤ25カ国の子どもの状況について、十分な衣食住の条件が満たされているか、十分に保護されているか、自分たちの能力を発揮できる状況にあるか、社会生活に十分に参加できる条件にあるか、そして何よりも家族や共同体の中で愛されているか、そのために家族や共同体に十分な公的援助がなされているかという6つの指標で評価が行われ、各国の子どもの「幸福度」が具体的な数値で示されている。

総合的な評価では、1位からオランダ、デンマーク、スウェーデン、フィンランドの順で、北欧諸国が上位を占め、最下位から順にイギリス、米国、ハンガリー、オーストリアという結果が示されている。日本は、一部のデータが不足していたために、総合的な評価には加わっていない。

日本が参加した調査を見ると、物質的条件に関しては、24カ国中18位である。日本は、親が働いていない家庭の割合は、先進国中最も少ない〇・四%であるにもかかわらず、平均収入の五〇%以下の家庭で暮らす「貧困児童」の割合は一四・三%にのぼり、最悪の米国から数えてワースト9位という結果である。また、自宅で学習する静かな環境、学習のためのパソコンの所有、自宅にある書籍が10冊以上など、家庭の文化的資源を象徴する八品目のうち、所有が6品目未満の15歳の子どもの家庭は五三・三%にものぼった。ギリシャに次ぐワースト2位である。

しかし、何よりも驚かされるのは、「自分はアウトサイダーである」、「孤独を感じている」と回答した日本の15歳の子どもの割合が二九・八%にものぼり、25カ国中、ずば抜けて高い比率を示したことである。2位アイスランド一〇・三%、3位ポーランド八・四%と比べても、異常に高い。日本の子どもは、なぜ他の先進諸国の子どもの5倍近くも孤独を感じているのか。この問題を素通りして、道徳教育を語ることはできない。

5　いじめを傍観する子ども――子どもの対人関係

教育再生会議などで、子どもの規範意識の低下が話題になっている。この問題を考えるには、何よりもまず、子どもの対人関係の実態を実証的に把握しておくことが必要であろう。

2年前に私の研究室で行った「都市部の子どもの《対人関係》に関する臨床教育学的研究」の調査結果の一部をここで紹介しておきたい。これは、二〇〇五年一月に、神奈川県内3個所(ニュータウン地域、下町地域、半農村地域)の小学4年、6年、中学2年を対象に行った調査で、同一の質問に対する回答の学年別、地域別の差異を明らかにしようとしたものである。

この調査では、興味津々の結果が沢山得られたが、中でも「友だちが〈いじめ〉をしていたらどうしますか?」という問いに対する回答結果には、驚かされた。(数値は%)

友だちが「いじめ」をしていたら、「やめるようにいう」子どもは、小4(71%)→小6(50%)→中2(33%)と、学年が上がるにしたがって激減する。逆に「何もいわない」子どもが、小4(8%)→小6(15%)→中2(38%)と5倍近くに増える。この数値の変化は、子どもの規範意識の崩れを示しているのだろうか。必ずしもそうとは言えない。それはなぜか。

子どもがよく遊ぶ友だちの数は、学年が上がるにしたがって小グループ化

表　友だちが〈いじめ〉をしていたらどうしますか?

	小4	小6	中2
やめるようにいう	71	50	33
何もいわない	8	15	38
誰かに知らせる	18	25	20

され、中2では、何と「2～3人」が最も多くなる。しかも、休日や放課後に「あまり遊ばない」と回答した子どもの数は、小4(10%)→小6(14%)→中2(34%)と増えていくのである。

これらの事実を視野に入れて考えると、子どもたちは、規範意識を低下させるというよりも、学年が上がるにつれて、遊び仲間の輪が縮小し、他者との関係それ自体を煩わしく感じる心性が強まるように見える。友だちが「いじめ」をしていても、平気で傍観する子どもが増えていく背景には、子どもの対人関係の希薄化と孤立化という現象が深くかかわっているように思われる。

6　マジックツールとしてのケータイ――ケータイ文化の明暗

数年前の大学入試センター試験の国語の問題で、「ケイタイ」電話を漢字で書かせる問題が出題されたことがあった。意外なことに、ふだん使っているのに、正答率はよくなかったとの結果が後で示されたが、それは無理もないことだと、私は直感的に思った。なぜなら、子どもや若者にとって、「携帯電話」とは「ケータイ」以外の何ものでもないからである。

前回も紹介したが、二〇〇五年一月に、神奈川県内3個所の小学4年、6年、中学2年生を対象に行った私たちの調査では、携帯電話の所有率は、以下の通りである。(数値は％)

表

	男	女	平均
小4	15	32	24
小6	24	46	35
中2	49	67	58

自分専用の携帯電話の所有率では、ニュータウン、下町、半農村地域という3個所で、目立った地域差は見られなかった。この数値は、3個所の平均値である。

しかし、興味深いのは、男子に比べて女子の所有率の方が、どの学年も約20％近くも高い数値を示したことである。中学3年になると、女子は3人に2人がケータイを所有しているが、男子の所有率は、半分にも満たない。それは、一体なぜなのか。

その理由を、研究室の大学生に尋ねてみると、男女で見解が分かれた。男子学生は、小中学生の女子の親は、塾帰りなどでの防犯を兼ねて早くからケータイを持たせるのではないかと答えた。

ところが、女子学生の見方は、自らの実体験に即して、非常にリアルなものだった。小学校の高学年頃から、女子は友だちと街中に遊びに出かけることが多くなる。徐々に遊びの連絡網が出来上がり、「ケータイ」がない子は、いつしか仲間はずれにされてしまう恐れがある。女子にとっては、仲間の輪から外されないためにこそ、ケータイが必需品となるのだ、と。

今や「ケータイ」は、単なるコミュニケーション・ツールなのではない。それは、無意識のうちに仲間関係を結んだり、切断したりするマジックツールとしても働くのだ。

7　子どもの学習ニーズを耕す——教育はサービスか

情報や対人関係を主とする第3次産業が就業人口の7割近くを占める時代になると、あらゆる産業がサービスとして再定義される風潮が生まれる。すでに医療や福祉分野がそうであり、いまや教育界も「サービス産業」の一つに数えられる傾向が見られる。

例えば、予備校の教師を高校や中学校に招いて、学校教師がその授業を参観したり、研修を受けたりするのもその一つだろう。予備校では、中学・高校・大学受験という消費者（子ども、親）のニーズをしっかりと把握し、そのニーズにピンポイントで合った授業が行われる。それができない教師は、教室の受講者が減少し、自然に淘汰されていく仕組みになっている。

それでは、学校の教師の仕事は、予備校の教師と同じなのか。子どものニーズとは何か。予備校の場合は、消費者のニーズはある意味で単純明快である。受験の合格であり、受験に必要な学力の修得である。受験に必要な知識を子どもの頭の中にもれなく修得させること。ニーズに合った学修を品質保証すること。それが、教育＝サービスと言われるゆえんである。

ところが学校の場合は、消費者（子ども）のニーズを予備校ほど単純化できないし、また、してはならない側面をもっている。子どもは受験のためだけに生きているわけではないからだ。受験は、教育機関の通過のための手段であって、人生の目的ではない。学校は、子どもが元気でたくましく、あらゆる問題（受験もその一つ）に立ち向かってゆける意欲と能力を養う場所である。そこでは、一人ひとりの子どもの知力、学力保証はもとより、前向きに生きる姿勢、やる気、チャレンジ精神を励まし、引き出すことが重要な仕事になる。

やる気はどこから生まれるのか。受験合格というニンジンで馬を走らせるのは簡単だが、そう調教された馬は、いつもニンジンがないと走らなくなってしまうという実験結果もある。目先の利益にならないことでも、長い目で人類のためになること、正しいこと、未知なことには、思い切って挑戦していく子どもを育てるのが、学校である。

教師たちは、どのようにして子どもの学ぶ意欲、生きる意欲を喚起させるかに日夜腐心している。子どもの学習ニーズや生活ニーズそれ自体を丁寧に耕し、広げ、厚みをもたせることが、教育という仕事の難しさであると同時に醍醐味でもあるのだ。

8　学ぶ意欲はなぜ低下したのか——「新しい物語」への接続が必要

子どもの学ぶ意欲の低下が指摘されて、すでに久しい。藤沢市立教育文化センターでは、一九六五（昭和四〇）年から5年ごとに市内の中学3年生全員を対象にした「学習意識調査」を行ってきた。質問項目は、この40年間ほぼ同じものである。

二〇〇五年に行われた第9回目の調査結果を見ると、過去40年間の中学3年生の学習意欲の変化が手に取るようにわかる。「もっとたくさん勉強したいと思いますか？」という質問に対する回答は以下の通りである。（スペースの都合で10年単位。数値は%、小数点以下は四捨五入）

「もっと勉強をしたい」と思う中学生は、この40年間に年々減少し、65%だったものが25%にまで

表

	1965	1975	1985	1995	2005
もっと勉強をしたい	65	46	37	31	25
いまくらいの勉強がちょうどよい	30	44	47	48	53
勉強はもうしたくない	5	10	16	20	22

落ち込んだ。逆に「勉強はもうしたくない」と思う中学生は、5%から22%に増えた。65年には、「もっと勉強をしたい」と思う子どもがクラスの3分の2を占めていたが、二〇〇五年では、逆に「もうしたくない」と「いまくらい」の子どもが、クラスの4分の3にも達した。中学生のの学ぶ意欲の低下は明らかである。では、なぜ子どもの学ぶ意欲は低下したのか。

その最も大きな理由は、高度成長期までは通用した「物的豊かさ=幸福」という物語が七〇年代末に飽和状態に達し、その魅力が急速に色あせてしまったことが考えられる。学力向上や学歴獲得の意味を、将来の経済的効用に訴えて意欲をかきたてる物語の磁力が失われたのである。

代わって、子どもや青年たちは、新しい幸福の物語を見出すようになった。「自分らしさ、自己実現=幸福」という物語がそれである。いまやオタク文化に象徴されるように、「自分らしく生きる」という彼らの琴線に触れる物語への接続なしには、学習意欲の回復は難しいと思われる。

9 「モンスター・ペアレント」問題の考え方──犯人探しゲームは不毛

今年になって、モンスター・ペアレント（monster parent、怪物親）という言葉がマスコミを賑わせている。体育の授業で汚れた子どもの運動着は学校で洗ってくれ、ウチの子どもと仲の悪い子どもを転校させてくれといった、これまでの「学校の常識」では到底考えられない要求やクレームを学校に平気で突きつけてくる親をさしている。

ある小学校の校長から直接聞いた話である。一年生の女児が学校の廊下を走っていて、つまづき、額にコブを作った。教師がすぐに医者に連れて行き手当てをしたが、額に包帯を張る状態となった。数日後、父親が学校に来て、コブはいずれ治るが、七五三の着物を着て写真を取るのに、おでこに包帯があっては一生の記念写真が台無しだ。どう責任をとってくれるのか、というクレームがあったという。信じられない話ではあるが、学校関係者であれば、ありえない話ではないと思うだろう。

しかし、この校長は、こうしたクレームは例外の部類に入り、大多数の親は学校に協力的なので、教師たちも頑張ってゆけるのです、と付け加えることを忘れなかった。メディアから放出される報道に振り回されることなく、その過不足を冷静に見極める目がそこにはあった。

身勝手で理不尽な要求をする親が増えてきたことは、まぎれもない事実であろう。情報・消費社会の浸透は、子ども、大人を問わず、限りなく消費生活化とプライバタイゼーション（私事化）を進めるからである。しかし、「モンスター・ペアレント」言説に便乗して、教育関係者が、保護者バッシングに安易に加担することは慎重にすべきだと考える。

私たちは、この数年、マスコミの流す子どもの学力低下論、青少年の道徳規範の崩れ、教員の資質低下論、そして教育委員会機能不全論を次々と見てきた。そして今度は、親がバッシングの対象である。親を教育し直せという声高な意見も聞こえてくる。子ども、教師、教育委員会ときて、最後に親か！　教育思考の貧困はここに極まれり、と思うのは、私だけであろうか。

激動する世界の中で、日本社会の未来展望とそれに基づく教育政策の一貫した展望を描けずにいることがすべての問題の根源にあるにもかかわらず、出口の見えない教育界で神経症のように犯人探しとモグラ叩きを続けるのは、そろそろやめにした方がよい。

10　原田泰治美術館――「関係の豊かさ」を描き出す

この夏は異常とも思えるほどの酷暑だったが、信州への小旅行が一服の清涼剤となった。北アルプスの峰々を望む諏訪湖のほとりある原田泰治美術館に行ってきた。

周知のように、原田泰治の絵は、日本の農村の何げない暮らしを、日常性のままに描き出す。素朴画家と呼ばれることもあるが、その素朴さの根底には、失われゆく農村の暮らしに対する限りない愛着と深い洞察があることを感ぜずにはいられない。

この美術館は、平成一〇年に開館したから、もう九年目になる。二階の常設展示室に、海外で取材した百号の大作を含めて、原田泰治の作品が展示されている。野に咲く花の花びらの一枚一枚、縁側で遊ぶ子どもが脱ぎ捨てたズック靴の模様までもが、実に丁寧に描かれている。

原田泰治の絵は人間賛歌だという見方もあるが、私はそのようには思われない。そこでは、人間は明らかに脇役であるからだ。働き盛りの男はあまり出てこない。むしろ、縁側で紙風船作りの内職をする祖母の脇で遊ぶ子どもの絵（紙風船）のように、老人と子どもの姿が実に数多く登場する。老人、子ども、農婦たちは、大自然に包まれながら、その恵みに感謝するかのように、慎ましやかにひっそりと生きている。

原田泰治のどの作品からも土の臭いが漂ってくるが、貧しさの臭いはしない。それは、なぜだろうか。そこには、便利さと経済的豊かさばかりを追い求めて、現代社会が切り捨ててきた「関係の豊かさ」が濃厚に息づいているからだ。四季折々の自然の変化と恵み、幸不幸を共に分かち合う村人たちの仲間意識、老人や子どもにも出番が用意されていた村の暮らし。彼が描き出す子どもは、常にこうした「関係の豊かさ」に温かく包まれ、庇護されている。

原田泰治は一歳の時に小児麻痺を患い、両足が動かなくなった。実母は泰治の介護に追われつつ若くして病死する。足に障害のある継母は、泰治の世話をしながら、夫と共に四人の子を育て上げる。戦中、戦後の混乱期、父親が転職を繰り返したこの家族が貧しくなかったはずはない。にもかかわらず、原田泰治が故郷を描く絵からは、貧しさの苦難のかけらも感じられない。それは、自然の恵み、家族や地域の人々との支え合いという「関係の豊かさ」が彼のからだを包み込み、貧しさの苦難を凌駕していたからに違いない。

11　一緒に耐えてくれる他者――子ども世界の光と闇

元文化庁長官で、臨床心理学者の河合隼雄氏が他界された。心理学を中心に多方面で活躍された方である。学会などで、何度もお目にかかる機会があったが、その度に、人柄の率直さ、話題の豊富さ、そして軽妙洒脱な語り口に魅了された。

数年前、国立教育政策研究所が組織した道徳教育のあり方に関する研究会で、ご一緒した時のことである。京都大学の近くにある小学校で、低学年の道徳時間の指導を、ご自身でやった経験を話された。阪神淡路大震災を想定して、ガレキの下に埋もれている人、ガレキを取り除く人、けが人を運ぶ人は、それぞれ何を感じ、どう動いたかを体験してもらおうと、子どもたちに役割演技してもらったが、ガレキに埋もれる役のなり手がいなくて困った、という話を愉快そうにされた。

他の委員の話とは、子どもに対する視線が明らかに違っているように感じられた。何が違うのか。どのような子どもの反応、態度も、まずは興味深く受け入れるという臨床家の姿勢である。河合氏は、ユング心理学の研究者として知られている。その学問的蓄積を踏まえて、成長、発達、達成という、健康でプラス志向の心理学とはまるで異なった道を歩まれた。

子どものウソ、秘密、盗み、暴力、性、悪、神話、魂といった、世の母親や教育関係者が眉をしかめるような暗い闇と葛藤に満ちた心理学を開拓してこられた。「臨床」とは、基本的に、病気、挫折、老い、死など、人生のマイナスと見なされる経験を受容し、それに寄り添う行為に他ならない。教師は教え、臨床家は同伴するというメッセージは、教師批判とも見なされがちであったが、もともと「教育」とは、植物、動物をも含めた生き物へのケアを意味する行為（ラテン語の《é-ducāre》）であったことを、改めて自覚させてくれた功績は大きい。

一九八〇年代以降、明るい未来志向の工業化の時代が終りを告げ、先ゆき不透明な情報・消費社会が出現する。大人と子どもの視線は、未来志向から〈わたし〉の内的世界に回帰しつつある。〈わたし〉は、一体何のために学び、何のために生きているのか。一人ではとうてい答えきれないこの難問に、答えを教えるのでも、一緒に問うのでもなく、一緒に耐えてくれる他者が必要な時代となった。河合心理学は、これからの教育人間学の方向性を示唆してくれる。

12　「生きる力」の再定義をめぐって——内面から沸き立つ喜び

学習指導要領の改定作業を進めている中教審・初等中等教育分科会で、「生きる力」をめぐる議論が活発化している。九月六日付の本紙でも、一面トップで、その審議の様子が報道された。

現行の学習指導要領にはじめて盛り込まれた「生きる力」という言葉は、当初からその意味の曖昧さが指摘されてきた。ある人は、子どもの個性的な問題解決の力を強調し、ある人は、基礎学力の習熟による共通教養の獲得を、またある人は、知識基盤社会に生きる情報リテラシーを「生きる力」の根幹として理解するといった具合である。しかしながら、よく見ると、これらの認識の間には、ある共通したイメージがある。それは、グローバル化した現代社会をたくましく生き抜いていける〈自立した強い個人〉が求められ、「生きる力」は、その代名詞として使用される傾向が強いという点である。

しかし、「生きる力」には、もう一つ別次元の意味もあるのではないか。それは、文部科学省が「生きる力」を〈zest for living〉と訳している配慮からもうかがえる。辞書によれば、〈zest〉とは、「内面から沸き立つ喜び」である。この英訳は、「生きる力」の根幹を突いていると思われる。その理由は、「生きる力」の概念を、外部から獲得する力、つまり操作系としてではなく、子どもの内部から沸き立つ感情として、つまり情意系で説明しているからだ。

操作系とは、社会に出て役立つ力を子どもが所有することで「生きる力」が獲得されるとみる見方である。「人間力」などという言葉にも、こうしたニュアンスを感じる。しかし、〈zest for living〉という英語は、内面から沸き立つ喜び、生きる喜びであり、自然や他者と「関わり合うこと」それ自体の充実感をさしている。こうした「内面から沸き立つ喜び」は、知識、技能の学習場面だけでなく、自然体験、社会体験、ボランティア体験など、多くの体験をくぐり抜けることによってもたらされる。それは、他者と共に生きることの喜びであり、充実感である。

このように、「生きる力」は、操作系の定義づけだけでは不十分であり、「沸き立つ喜び」のように情意系をも十分考慮に入れた説明が必要である。大人は気づかないが、社会が高度化し、複雑化すればするほど、その社会に生きる子どもの内面は、さまざまな価値葛藤や矛盾で引き裂かれる。子どもの内面は、「力の増強」だけで充実するほど単純ではないからである。

13 「関係」が支える子どもの自立——学びを促す親子の会話

経済のグローバル化の進行とともに、他者に依存しない「自立した個人」が求められるようになった。失業した若者に再チャレンジの機会を与えるという議論のなかで、魚釣りの比喩が持ち出されたことがあった。若者には、魚にエサを与えるように、簡単に職をばら撒いてはならない。釣り糸をたらして、それに元気に飛びつく意欲と能力のある若者にこそチャンスを与えるべきだという議論であったと記憶する。意欲のある者にこそ、チャンスを与えよ、と。

そこでは、人間のスタートラインは平等で、本人の努力の有無によって意欲や能力に大きな差が生じるという見方が前提とされていたように見える。逆にいえば、子どもが育つ環境要因の差異は全くカウントされてはいなかった。子どもは、環境には左右されないのだろうか。

ベネッセ教育研究開発センターの「第一回、子ども生活実態基本調査報告書」（二〇〇五年）は、全国の小・中・高校生、約一五〇〇〇人を対象とした調査報告であるが、その中に、興味深い結果が示されている。それは、「子どもの学習意欲」と「親子が会話する時間」との間には、小・中・高校生いずれの段階においても、明白な相関関係が見られるというデータである。

子どもの回答結果によって、親子で「よく話をする」＋「ときどき話をする」グループと「あまり話をしない」＋「ぜんぜん話をしない」グループに分け、それぞれのグループの子どもが、「勉強の意味」をどう理解しているかをクロス集計した項目がある。「問題が解けるとうれしいから」と積極的な回答をした中学生は、「会話多グループ」は七五％であったが、「会話少グループ」は五六％にとどまった。「会話多グループ」の子どもの方が、会話の少ない家庭の子どもよりも二〇ポイント近くも勉強に積極的な意味を見出していることがわかる。また「いろいろな考え方を身につけることができるから」も、「会話多グループ」は六九％であったのに対して、「会話少グループ」の子どもは五一％で、一八ポイントも低かった。

この結果は、学習意欲の形成ひとつをとってみても、家庭環境が重要な要因として作用する事実を示している。積極的に学び、意欲的に生活できる子どもは、決して一人で育つわけではない。子どもを受容し、励ます親の存在がいかに大切であるかを、このデータは教えてくれる。自立とは「関係の豊かさ」によってこそ構築される編成体であると考えるべきではないか。

14　大人になりたくない子ども――キャリア教育の必要性

最近、キャリア教育の必要性が随所で語られるようになった。遅きに失した感はあるが、歓迎すべきことである。日本の子どもは、学校でいま学習している事柄が、実生活や将来の仕事に役立つという実感をほとんど持てない状態におかれている。

しかし、本来は、その知識・技能を学ぶことで、実生活を豊かにし、職業選択の幅を広げるためにこそ、学校での学びはある。にもかかわらず、学習の成果は、学期末テストや受験でのみ測られる状態が長く続いたため、それが子どもの日常生活に還元され、将来の職業選択につながるという理解は驚くほど稀である。学習は、学校の教室の中だけで自己完結しているのだ。

学習が、子どものキャリア・デザインに直結しないもう一つの大きな理由は、日本の子どもが「大人になること」にあまり期待を抱いていない点にある。

私の研究室が2年前に神奈川県内の小・中学生（約一〇〇〇人）を対象に行った生活意識調査では、「早く大人になりたいですか？」という問いに対する回答は、以下の通りである（無回答を除く数値、単位％）。

表　生活意識調査

	なりたい	なりたくない	わからない
小4	23	46	25
小6	26	44	25
中2	23	40	34

一見してわかることは、小4→小6→中2と学年が上がっても、大人に「なりたくない」子どもは、「なりたい」子どもの2倍前後もいるということ

である。しかも、小4から中2に至るまで、この数値に大きな変化は見られない。まことに残念なことではあるが、日本の子どもは「大人になること」に、ほとんど魅力を感じてはいないと言わざるをえない。

では、小・中学生たちは、なぜ大人に「なりたくない」のか。その理由を挙げてもらうと、小4、小6、中2のいずれの学年でも、示し合わせたように、「今が一番いいから」、「大人は大変そうだから」、「働きたくないから」、「やりたい仕事がないから」という順序になった。

学力向上も大切だが、「大人になること」、「働くこと」の魅力を子どもたちにしっかりと伝えておかないと、学力は受験を通過するためだけの通行手形で終わることになるだろう。

15　留学生が見た日本の子ども――日本への矛盾した〈まなざし〉

外国人留学生の日本語弁論大会に出席する機会があった。中国、韓国、ベトナム、マレーシアから来日した大学生、大学院生が日本語でスピーチし、その日本語力を審査する大会である。私は、審査委員の一人として彼らのスピーチに耳を傾けたのであるが、日本語力の優劣はともかく、東南アジアから来た留学生の眼に、日本の家族、子ども、若者の姿がどのように映っているのかが率直に語られていて、大変興味深かった。

ベトナムから来た女子学生は、日本の家族について、こう述べた。スーパーマーケットで3ヶ月アルバイトをしたことがあったが、その店のチーフ夫妻は、休日になると姉弟の２人の子どものうち、小学校低学年の弟だけを連れて遊園地などに出かけていた。不思議に思って、そのわけを聞いてみると、お姉ちゃんは、土日は塾が忙しいし、中学生になると、外出は親しい友だち同士でするので、家族とは一緒に行動しなくなると聞かされて、驚いたという。ベトナムでは、家族のつながりは非常に強く、子どもも結婚するまでは家族と一緒に行動するのが普通である。日本では、小学生でも家族と一緒に食事をせず、自室で一人で食べる「孤食」の子どもが少なくないと聞き、日本の家族は、バラバラになっているという印象を受けたと語った。

子どもの遊びについても、マレーシアから来た学生が疑問を投げかけた。夕方の街を歩いていても、遊ぶ子どもの姿が見えない。学校はとっくに終っているから、子どもたちは帰宅しているはずなのだが、塾に行っているのか、テレビを見ているのか。街中で子どもの遊ぶ姿や歓声が聞こえないのは、とっても寂しい感じがする。

さらに、努力や我慢を避け、便利さと快適さばかりを追い求める日本の一部の若者に対する違和感などが、必ずしも流暢とはいえない日本語でトツトツと語られた。

留学生に共有するのは、日本の近代化に対する矛盾した〈まなざし〉である。東南アジアの留学生にとって、経済発展と国民所得の向上に成功した日本は、まぎれもなく憧れの国である。

ところが、日本で目の当たりにした家族、子ども、若者の現状については、深い失望を隠せない。

近代化によって獲得したものと失ったもの。留学生たちは、その矛盾に気づいているのだ。留学生の問いかけに、私たちはどう応えるべきなのか。考えさせられる秋の一日であった。

16　青年期の限りない拡張――「成熟」を喪失した社会

大学生に向かって、「あなたは大人ですか、それとも子どもですか」と尋ねると、彼らは一様に困惑した顔を見せる。自分は大人だとはいい切れないし、といって子どもという年齢でもない。どちらでもない、というのが彼らの実感であり、ホンネでもあるからだ。

大人でもなく、子どもでもない存在。それが、近代において発見された「青年期」という新しいまなざしである。肉体的にはすでに大人と変わらない体力をもつ。しかし、まだ勉学と訓練の途上にあり、仕事には就いていない。大人と子どもの境界を、どっちつかずに生きる他ない不安定で寄る辺ない時期、それが青年期だ。

実は〈大人対子ども〉は、農耕・牧畜型の前近代社会から引き継いだ人間形成の図式である。そこでは、子どもは、一四～五歳にもなれば、イニシエーション(通過儀礼)を施されて、一挙に大人の仲間入りを許された。農耕・牧畜型社会では、大人になるために、そう長い準備期間はいらない。社会の変化は緩慢であるから、いったん大人になれば、教育は不要となる。

しかし、この〈大人対子ども〉という伝統的な人間形成図式は、産業社会が出現する頃から綻びを見せはじめる。文明の高度化が、社会に出る前の子どもに、学校教育、職業訓練などの準備期間を要求し、その期間がますます長期化するようになったからである。

さらに近年のように、グローバル化された情報・消費型社会に至ると、「大人であること」の自明性も疑わしくなる。仕事によって社会を支えるのが大人であるとすれば、社会変動のさなかにある仕事自体が、当の大人に不断の自己研修や再教育を強いる状況が生まれるからである。

こうして、いまや技術革新と情報量の飛躍的増大によって、大人になっても学び続けなければならない社会が到来した。ここでは、〈大人対子ども〉という単純で二分法的な人間形成図式が通用しない。社会変動や新たな情報に柔軟に対応できる大人とは、まさに青年期と同様に「不安定さの中で学習や訓練に励む大人」に他ならないからである。

それは、「青年期」の限りない拡張と「大人」の領分の溶解を意味している。農耕・牧畜型社会で目標とされた「大人になること」、「成熟すること」の意義が、産業化の過程で次第に見失われてくるのは、近代に誕生した青年期の限りない拡張がもたらした結果なのではないか。

17　学校における知の三つのモード——情報・知識・身体知の統合を

昨年四月から始まった本連載も、新しい年を迎えた。今年は、学習指導要領の改定が見込まれる年でもあり、学力観や知識形成をめぐる議論が一層活発化することが予想される。そこで、今回は、学校における知の三つの様式について考えてみたい。

いうまでもなく、現代の子どもたちは、情報の時代を生きている。情報とは、ある事柄を、文字、記号、映像などの媒体（メディア）を通して伝達する知の様式である。そこでは、テレビのニュース番組や新聞記事がそうであるように、政治、経済、殺人事件、スポーツ記事などがランダムに並べられる。情報はカタログ化されることはあっても、体系化されることはない。世界に関する知の断片的なパッチワーク、それが情報の特質であるからだ。

ほぼ一九八〇年代以降に生まれた子ども、青年は、こうした情報のパッチワークの海を泳ぎながら生活してきた。選択的な情報行動こそが、彼らの生活スタイルである。しかし、さらに二〇年前の一九六〇年代から七〇年代末までの工業化の時代には、断片的な情報は、信頼度がきわめて低かった。教科書（テクスト）がそうであるように、科学的に正しい内容が系統的に記述されたものこそが、信頼できる知識であった。テクストや原典の中にこそ、真理が宿ると考えられた時代である。「正しい知識」こそが未来を予測し、未来を切り拓く羅針盤たりうると見なされた。まさに「知は力なり」の時代である。

しかし、さらにその前の農耕型社会の時代には、人々は科学的知識ではなく、勘やコツなどの身体化された智恵をこそ信頼した。それは、職人が仕事の現場で体得する技（わざ）と一体の知である。それは、テクストではなく、コンテクスト（文脈）の中に身をおいてこそ獲得される知である。具体的文脈こそが、身体知、暗黙知を生み出す母体であると考えられた。

それぞれの時代が、文脈に密着した「身体知」、未来を切り拓く「知識」、日常の問題処理に便利な「情報」という知のモードを編み出してきた。高度情報社会といわれる現代においても、知識や身体知の重要性は失われていない。情報、知識、身体知という知の三つのモードを構造化したカリキュラム編成が求められている。ＰＩＳＡの学力調査が問うのは、「生きるための知識と技能」の獲得度である。それは、「身体知に統合された知識・情報」の力の獲得に他ならない。

18　教育思考における人間学の復権――消える国家百年の教育書

外で時間が空くと、書店の教育書コーナーに立ち寄ることがよくある。そこで最近感ずるのは、書棚に並べられている本の傾向が、いつしか二種類に絞られてきたという実感である。淘汰されてきたといってもよい。それは、授業力や人間力といった「〇〇力」の向上をめざすパワーアップ本と、子どもや大人を癒すケア本という、全く逆ベクトルの二種類である。書店で見る限り、教育思考が二極化してきたように見える。逆にいえば、人間とは何か、教育とは何かといった、ことの本質を問い直す本を書棚で見つけることは、難しくなった。

学力、生きる力にはじまり、人間力、社会力、授業力、学校力、教師力など、「〇〇力」という言葉を冠した教育書の広がりは止まるところを知らない。その多くは、子どもや教師の「〇〇力」の必要性をわかりやすく説き明かし、その獲得のためのスキルを解説する方略本である。

しかし、いうまでもなく、子どもと教師は、生きて呼吸する生身の人間であって、「○○力」の寄せ集めではない。子どもも教師も、自らの状況にそぐわないパワーアップを次々と要求されればされるほど、ストレスがたまり、無力感に悩まされるのは必定である。疲れ切った子どもや教師たちを待ち受けているのがケア本である。そこでは、エンパワーよりも、むしろかけがえのない自己という存在に気づき、自己を癒すためのノウハウが紹介される。

いま教育書の書棚で、真正面から人間や教育の本質を問いかける本を見出すことは難しい。書棚の大部分は、パワーアップとケアの実践書や手引書で占められているからである。教育書に期待されるものは、もはや人間や教育の本質ではなく、いじめ、不登校対策、学力向上といった、教育現場に直結し、すぐに役立つ処方箋となった感がある。その結果、国家百年の大計として考察された文明史的視野をもつ教育書は、教育書の書棚から姿を消してきた。

考えてみれば、パワーアップ本とケア本は、いわばねじれの関係のように交わる回路がない。そこでは、子どもも、教師も、人間の全体性に照らして語られることがない。エンパワーとケアは、あたかも歯車の潤滑油のように処方され、それぞれが、閉じられた言語で語られてしまう。

しかし、いうまでもなく人間の能力形成と実存は、元来一体で不可分なものである。それぞれを共通の言葉で語りうる教育人間学の復権こそが、いま求められているのではないか。

19　二極化する教育思考――社会的エンパワーが必要

外で時間が空くと、大型書店の教育書コーナーに立ち寄ることが多い。そこで、最近強く感ずるのは、書棚に並べられている本の傾向が、いつしか二種類に絞られてきたということである。この数年で、書店の教育書が淘汰されてきたという印象をもつ。何が残ってきたのか。

それは、授業力や人間力といった「○○力」の向上をめざすパワーアップ本と、子どもや大人を癒すケア本という、全く逆ベクトルの二種類である。パワーアップか、メンタルケアかという二極化現象。書店で見る限り、教育思考が二極分化してきたように見える。逆にいえば、教育することの喜びや生甲斐を語る本を書店で見つけることが、大変難しくなった。

学力、生きる力にはじまり、人間力、社会力、授業力、学校力、教師力など、「○○力」という言葉を冠した教育書の広がりは止まるところを知らない。それは、親であれ、教師であれ、教育という営みが、もはや世代間と公共の営みではなくなり、すべて個人の営みとして結果責任を問われるに至った時代の空気を反映している。

しかし、教師も子どもも、つまり人間は、教えることや学ぶことの結果責任を、たった一人で背負えるほど強くはない。能力アップを次々と要求されればされるほど、ストレスがたまり、無力感に悩まされるのは必定である。疲れ切った彼ら／彼女らを待ち受けているのが、心を癒すケア本である。そこでは、過重な責任感の呪縛を解いて、かけがえのない自己という存在を、ありのままに受容することの大切さと、そのノウハウが紹介される。

その結果、残念なことに、書店の教育書コーナーで、子どもと一緒に生きることや学ぶことの喜びを、実感をこめて語る本が見当たらなくなった。それは、教師であれ、親であれ、読者のニーズが、もはやそこにはないことを物語っている。子育てや教育に自信を失い、不安を抱え込んでいる大人自身の姿が、書棚から伝わってくる。教育への夢を膨らませる前に、とにかく応急手当が求められてしまっているのだ。しかし、これで健全な教育ができるのだろうか。

本来、子育てと教育は、親や教師だけの営みではなく、社会全体のサポート体制が十分なければ成立しない。個々の教師や親が、神経症のようにパワーアップ本とケア本ばかりを買い漁らなくても済むような社会的、行政的エンパワーこそが必要な時期を迎えているのではないか。

20　教育への夢を膨らませる――教職の魅力学

国公立大学の2次試験の出願状況（二月一日現在の中間集計）が、新聞に掲載されている。それを見ると、受験生の教員養成系大学、学部離れが目立つ。

分離分割方式の前期日程だけでいえば、全国の教育学部系は、なんと〇・六倍から〇・一倍の間で、法学、経済、工学、薬学などに比べて、出足が著しく鈍い。まだ最終倍率ではないので、それほど悲観する必要はないかもしれないが、最終的にどうなるのか、気がかりである。

団塊世代の大量退職もあり、今後5〜6年は教員需要が多い見込みであるにもかかわらず、なぜ教育養成系は敬遠されがちなのだろうか。様々な理由がすぐに思い浮かぶ。景気の回復傾向と民間企業の就職状況の好転、子どもの問題の複雑化と対応の難しさ、多忙感を増す教師たち、マスコミによる連日の教育問題の報道、教員免許更新制の導入による終身雇用の消滅など、敬遠される要素はたしかに少なくない。しかし、これらは、すべて外在的要因にすぎない。

高校生が教職に魅力を感じなくなったとすれば、その大きな理由の一つは、教師への要求水準が高度化されたと同時に、画一化されつつある点にあるように思う。新人の教師に対しても、ベテラン教師と同様の実践力が求められる。言いかえれば、若い教師たちが、試行錯誤しながら、自分流の授業の型を創り上げていく自由の幅とゆとりがなくなってきたように見える。

教育基礎学を専攻する私のゼミの学生が、こう言った。自分が教師になったら、学習でも、生活でも、一人ひとりの子どもが、それぞれの個性を発揮して、ベストを尽くすように一緒に頑張りたいと思う。結果がどうであれ、何ごとにも挑戦し、ベストを尽くす姿勢こそが一番大事なのだということを、子どもに教えたい。しかし、自分がアルバイトをしている業界では、プロセスよりも結果ですべて評価されてしまう。自分はそれが嫌なので、教職を志望してきたが、教育界にも結果主義の波が押し寄せているのを感じて、教職の魅力が半減している、と。

人間形成とは、基本的に大人世代が子ども世代に夢や物語を伝承する営みである。学校の中にも、そうした物語が脈々と息づいていなければ、若い教師が、教育に対して夢や生きがいを育むことはできない。大学受験生の進路選択を見るにつけ、高校生が、目を輝かせて教育への夢や期待を大きく膨らませる「教職の魅力学」が、いま必要であることを痛感している。

21　成人年齢の引き下げの可否――「大人になること」の意味

二〇歳になった大学生が、自治体主催の成人式に出席して、小中学生時代の仲間と再会する。高校を出て地元の工場で働く者、家業を手伝っている者、結婚した者もいる。大学生の自分が一番子どもに見えました、という感想をよく耳にする。当然のことだろうと、私はいつも答える。大人とは、学校によってではなく、社会によって訓練される者をさしているからである。

二〇歳という現行の成人年齢を一八歳に引き下げることの可否について、法務大臣から法制審議会に諮問された。これは、法律上の問題である以上に、子どもが「大人になること」をどう考えるのかという、まさに人間形成の核心をつく問題である。教育関係者は、この難問から目を背けずに、ぜひ深く議論してほしいと思う。以下、筆者なりに論点を整理してみたい。

現行の成人年齢である二〇歳を越えるルートは2つある。一つは、中学か高校を卒業して就職し、職場で二〇歳を迎えるルート。もう一つは、大学や専門学校に進学して、学生として二〇歳を迎えるルート。もちろん就職も、進学もしないニートのケースも稀にあるが、統計的にいえば、この2つのルートが圧倒的に多い。

実社会では、労働でも商品の売買でも、責任能力があれば大人、なければ子どもとして扱われる。実社会には、大人の仮免運転などというものはない。はじめて路上を走る初心者も、三〇年走り続けているベテランも、同じドライバーとして、同じ基準（道路交通法）で裁かれる。「大人になる」ということは、まだ二〇歳の新参者であっても、大人の振る舞いに学び、見様見真似で大人（共同体）のルールを体得していくプロセスに他ならない。したがって、子どもが大人に成長していくためには、大人たちとの交わりこそが不可欠なのだ。

ところが、大学生、専門学校生は、親、教師との交わりは深いが、大人たちとの交わりに乏しい。大人／子どもという実社会の厳しい二分法から免れ、唯一、仮免運転を許されている。

現行ですら、二〇歳を学生という仮免運転中で迎える若者が同年齢の半分近くもいる。これが一八歳になれば、さらに増えることは確実である。高度化する文明は、教育期間のさらなる延長を若者に強いるが、「大人になる」ためには、早くから社会で働かなくてはならない。現代の若者は、こうしたジレンマの中に置かれている現実を十分理解した上で、議論を深めたい。

第14章　高度経済成長期の学校空間
——一九六〇年代の高校生活の記録と回想

1　神奈川県立希望ヶ丘高校を舞台に

ある年の暮れ、私はテレビの懐メロの歌謡番組をじっと見入っていた。こういう番組には、さして関心がある方ではないのだが、偶然回したチャンネルに昔懐かしい歌手の顔が出てきたのである。私たちがちょうど高校生だった一九六三(昭和三八)年に、大ヒットした「高校三年生」を、五〇歳をとっくに越えた舟木一夫が熱唱していた。昔と同じように右手をかすかに持ち上げたり、胸に当てたりしながら。当時は、爽やかな青年だった舟木一夫も、目尻のしわがすっかり増えたなあ、などと思いながら、いささか酒が入っていたこともあり、私はすっかりいい気持ちになって、その歌詞を小声で一緒に口ずさんでいた。

ちょうどそのときだった。居間に入って来た高校三年の長男が、その歌に耳を澄ますなり、「ああ、チョー気持ち悪い。鳥肌が立ってくる」といって、オーバーにからだをこすって見せたのである。私は息子の意外な反応に驚き、恐らく不愉快な顔をして、何が「気持ち悪い」のかと詰問したように思う。答えは、そのメロディーの単調さもさることながら、歌詞そのものに何ともいえないわざとらしさ(彼らの言葉でいえば、クサさ)があると言う。

赤い夕陽が校舎を染めて
〜
ああ、高校三年生、ぼくら離れ離れになろうとも
クラス仲間はいつまでも

話を聞いていくうちに、とりわけ「クラス仲間はいつまでも」のフレーズに、息子がアレルギー反応を起こしたことがわかった。こんなふうにベタベタされてはたまらない、というのがその言い分だった。ちなみに、その頃の息子のお気に入りのアーティストは、XJAPANの金髪のYOSHIKIで、彼の部屋は、そのCDやポスターで埋め尽くされていた。

言われてみれば、その通りだと私も思った。しかし、今からもう三三年前、神奈川県立希望ヶ丘高

校の生徒だった私たちは、修学旅行先の長崎や阿蘇の外輪山を走るバスの中で、舟木一夫の「高校三年生」や「修学旅行」の歌を何の違和感もなく大声で合唱した記憶がある。高校卒業後、親しい「クラス仲間」が、いろいろな道に別れていってしまうことを惜しむ気持ちも、実際に強かったように思う。ところが、現在の若者は、こうした感傷とは無縁なところにいるように思われる。職業柄、多くの大学生を見ていても、やはりそう思う。ベタベタした人間関係、その背景としての農村型の共同体意識からは、すっかり解き放たれた都会的でクールな個人主義の世界へ。

そう言えば、四～五年前に槇原敬之の「どんなときも、僕が僕らしくあるために～」という歌詞の「どんなときも」という歌が、はやったことがあった。それは、甲子園の高校野球全国大会の入場行進曲にまでなった。この歌詞が象徴するように、現在の高校生は、もう完全に都会型の個人主義の世界に生きているように見える。彼らのアイデンティティは、今や「僕が僕らしくある」という自己の世界の充実にあり、「クラス仲間」や集団生活は、それを妨げない範囲でのみ意味をもつものとなった。

「集団」へのアイデンティティから、「個」のアイデンティティへ。共同体意識の衰退と「自分らしさ」への過剰なこだわり。私たちの世代と息子の世代との、この感覚の大きなズレは、一体何が生み出したのだろうか。

この感覚の違い、それは、この三〇年という歳月がもたらした日本社会の劇的な変貌を映し出す手鏡のごときものではないだろうか。一九五〇年代後半に始まり、一九七三年の第一次オイルショックで終息する高度経済成長が、日本の社会と生活文化の構造を、その根底から大きく組み替えてしまったのではないだろうか。それは、一夜にして転倒したものではないので、その変化が自覚されることは少ないが、戦前から戦後へという政治体制の変化に匹敵するものである。否、むしろ日本人の伝統的なライフスタイルを、その根源から変容させたという意味では、それ以上の劇的な変化がここにはあったと、私は考えている。

私たちの世代が高校時代を過ごしたあの一九六〇年代半ばは、この劇的な変化が、ゆるやかに進行しはじめた時期であった。希望ヶ丘高校の三年間は、その変容のさなかにあったように思う。それは具体的に言えば、どのようなことか。筆者の個人的な体験を交えながら、私たちが希望ヶ丘高校の三年間で経験したことを、戦後の中等教育の歴史の中で、あらためて捉え返してみたいと思う。

2　高度経済成長と高校進学率の急上昇

私たちが希望ヶ丘高校に入学したのは、一九六二(昭和三七)年四月である。それは、「もはや戦後ではない」と一九五六年の「経済白書」が謳い、産業界では技術革新が推し進められ、池田内閣の「国民所得倍増計画」(一九六〇年)が実施され、日本全国の産業都市化を推進する「全国総合開発計画」が発表された年である。この頃の日本は、「岩戸景気」に続く「オリンピック景気」に沸いていた。

世相の面から言えば、一九六二年は、コカコーラが日本で初めて発売され、全国にスーパーマーケットが雨後のタケノコのように急増し、植木等の演じた「無責任男」が流行語になり、遊びも消費も勉強も、適当にやりこなす新しい世代「現代っ子」(阿部進)の登場が話題になった年であった。日本全体が、敗戦直後のうす汚れたバラックの灰色の生活から抜け出して、小さな芝生の庭つきの一戸建てのマイホーム、そしてカラーテレビと冷蔵庫のある生活を手に入れようと邁進していた時代であった。それは、衣食が何とか満たされた国民が、自分の子どもの「教育」を、将来の「豊かな生活」への確実なパスポート(投資)としてみなす傾向を強めていく時期でもあった。

文科省の統計によれば、私たちが希望ヶ丘高校に入学した一九六二年度の日本全体の高校進学率は、六四%である。同年齢のほぼ三人に二人が高校に行けるようになった時期であった。日本の高校進学率は、一九五四(昭和二九)年に五〇パーセントを超え、その後、高度経済成長とともにうなぎ登りで、一九七四(昭和四九)年に初めて九〇パーセントを超えた。神奈川県は、東京、広島に次ぐ高い進学率を示し、この年にすでに九五・八パーセントにも達している。現在では、日本全体で約九六パーセントであり、神奈川県は九九パーセントに限りなく近い状態にある。こうして、一九五四年からの二〇年間で、高校進学率が四〇パーセントも伸びたことになる。

私たちの世代は、高校進学率が六割をはるかに越え、高校教育がもはや一部の「知的エリート」だけのものではなくなり、まさに「大衆化」しつつあった。そんな時代に、筆者は希望ヶ丘高校で教育を受けた。そしてその一二年後に、高校進学率は九〇パーセントを超え、一種の飽和状態に達した。現在では、高校教育は完全に「大衆化」した。「すべての者に後期中等教育を」という、一九六〇年代の希望に満ちたスローガンは、今やどこにも見られない。むしろ逆に、飽和状態に達した高校入学者のドロップアウト、中途退学者の激増が、社会問題になっているのである。

現在では、高校に進学することは、何らの特権でも、将来の「豊かな生活」を約束するものでもなく、ごく当たり前の、半ば義務化した通過儀礼になった。高校教育は、高校進学率がまだ五〇パーセントに満たない一九五四（昭和二九）年頃までの高校生にとって、高校教育は「特権的なもの」でありえた。しかし、一九七四年以降の高校生にとって、高校教育はほぼ「義務的なもの」でしかない。

一九六二（昭和三七）年四月に、希望ヶ丘高校の門をくぐった私たちは、その変化のちょうど中間に位置している。私たちは、高校教育が「エリート的なもの」から「大衆的なもの」に質的に変容していく、ちょうど過渡期に高校時代を送った。それは、本校が、神奈川県を代表する旧制中学「神奈川県中学校」（一八九九年に神奈川県尋常中学校から改称）、「神奈川県立第一中学校」（一九〇一年に改称）であった頃の校風や気風が、まだ色濃く残っていた時期でもある。

私たちのからだは、すでに「大衆的なもの」に両足をつっこんでいながらも、先生方からは「エリート的な」教育の残照を浴びながら育った世代である。スペインの哲学者、オルテガも言うように、「大衆」とは、我が身のことだけを考えることを許される者であり、「エリート」は、所属集団を先導する義務感（ノーブレス・オブリージュ）を、十字架のように背負わされた者である。私たちは、客観的には、小学区制度に囲い込まれた「大衆」でありながら、高校では、大学区の「エリート」の風土の中に投げ込まれた。

一方で、「神中」の制服を模倣した「神高」の制服があり、「御国の精華と〜」に始まる国威発揚的な校歌があった。また私たちの制服の胸ポケットにある『生徒手帳』には「良識ある高等学校生徒として自律自制、質実剛健、和衷協同を旨とし、その名に恥じない品位ある行動をとらねばならない」とする「生徒心得」が記されていた。その中には、どう見ても、戦後の民主化された高校教育の理念に抵触しかねないものも含まれていた。

しかしながら、他方で、この頃の希望ヶ丘高校は、自由で生徒の自主性を尊重する校風がみなぎっていたように思う。今から振り返ってみると、先生方の方は、選ばれた者の「特権的な自由」という旧制中学以来の「よき伝統」を残そうとし、私たち生徒の方は、むしろ「戦後民主主義的な自由」を享受しようとするズレがそこにはあったように思う。しかし、「生徒心得」にも記されていた「自律自制」や「自由」の意味を、突き詰めたかたちで議論することはなく、恐らく先生方も含めて、私たちは、その時々に都合のよい「自由」を拡大解釈し、享受してきたと言ってよい。この頃は、高校教育の大衆化がまだ始まったばかりの段階である。古きよき「神中の威光」に強い違和感を感ずる大衆的心性が、まだ私たちの間に浸透していなかったためであろう。

私たちが高校時代を過ごした一九六〇年代の半ばは、日本が高度経済成長に突入していた時期でもあり、高校は「多様化」の時期に入っていた。すでに触れたように、池田内閣が「国民所得倍増計画」を打ち出したのが一九六〇年であった。それは、技術革新政策とともに、中等教育政策に大きな影響を与えた。高度経済成長とともに、産業界で、労働者に求められる能力は多様かつ高度のものになり、高卒程度の学力が要求される時代になりつつあった。ことにベビーブームの時代に生まれた、いわゆる「団塊の世代」が高校に進学する頃には、受験競争が激しくなり、「受験地獄」の言葉も生まれた。そのために、一九六二年頃から「高校全員入学」の声が父母、教員の間で高まり、運動が始められた。文部省(当時)は、こうした事態を受けて、高校増設の必要性を認め、工業高校を中心とした増設計画を推進した。この頃には、普通科、工業科、商業科が増加し、それまであった農業科や家庭科などがこれらに転換される政策がとられた。

文部省は、私たちが高校に入学した年の一一月に、第一回教育白書を発表している。そのタイトルは『日本の成長と教育――教育の展開と経済の発達』というもので、教育を一つの「投資」としてみる見方をあからさまにしていた。教育学者の中内敏夫(前一橋大学教授)によれば、「それは、教育史上はじめて、教育の経済成長への貢献を数量的にとりあつかい、教育の経済への従属・奉仕の役割を高く評価した公文書であった」と言われる(『教育のあしおと』平凡社、一九七七年)。また通産大臣の諮問機関である経済審議会の人的能力部会も、翌年これに呼応するように『経済発展における人的能力開発の課題と対策』を発表し、それまでタブー視されていた教育を「経済効率」の視点から捉えることの重要性を力説した。

こうした時代の流れを受けて、中央教育審議会は、一九六六（昭和四一）年に「後期中等教育の拡充整備について」を発表した。そこでは、高校教育の重要な課題の一つとして、「生徒の適性・能力・進路に対応するとともに職種の専門分化と新しい分野の人材需要とに即応するように改善し、教育内容の改善を図ること」が謳われている。

高校の多様化は、進学率の上昇に伴ってとられた政策であったが、こうした進学率の上昇は、それまでのエリート養成的な性格を有する高等学校の性格を大きく変えるものとなった。それは、高校を「大衆教育的な機関」へと転換させるものであった。当時、文部省の高校教育課長であった石川二郎は、次のように書いている。

「現在において、後期中等教育段階の約四分の三が高等学校に入学しているという時の高等学校は、今や後期中等教育段階の同年齢層の何割かの選ばれた者の教育機関ではなく、その年齢層の絶対多数の教育をする国民教育機関となってきているといってよい。」（『中等教育資料』一九六三年三月）

一九六〇年代における高校進学率の急上昇は、新卒青年労働者の主体が、かつての中学卒業者から、高校卒業者に移行させていった。私たちが高校時代を過ごした時期は、ちょうど日本の高校教育が、一部の「選ばれた者」の特権的教育機関から、「絶対多数の教育をする国民教育機関」に変わりつつある時代であった。高校には、大衆化の波が確実に押し寄せてきていた。この時期に、希望ヶ丘高校では、どのような教育が行われていたのだろうか。

3 「神奈川第一中学校」の残照

私たちは、日本が敗戦した翌年の一九四六（昭和二一）年に生まれ、戦後の貧しさと復興期に子ども時代を過ごし、ちょうど日本全体が高度経済成長の波に乗り始めた一九六〇年代前半に、希望ヶ丘高校で過ごした。先にも多少ふれたが、あの頃の希望ヶ丘高校は、戦前の「旧制中学的なもの」と戦後の「新制高校的なもの」との矛盾が剥き出しにならず、平和裡に共存できた、まことにめずらしい時期であった。授業科目や時間割表などの「明示的なカリキュラム」(explicit curriculum) の上では、国史や修身科ではなく、社会科を学び、男女同権や民主主義の原理を学んだのであるが、学校の雰囲気や年配の先生方の気風という「潜在的カリキュラム」(hidden curriculum) のレベルでは、私たちは、まだ色濃く残る旧制中学的な校風の残照を浴びながら、三年間を送ったように思う。

高校時代の三年間に、諸先生方から「神奈川県立第一中学校」の栄光と栄華を何度聞かされたかわからない。とくに本校の大先輩でもあり、在職年限も長かった愛すべき「シバケン」（S先生）、「ダイサク」（H先生）、「でっかち」（T先生）からは、ことあるごとに、諸先輩の社会での活躍、業績、過去の栄華を繰り返し聞かされてきた。古代ギリシャの歴史家ツキジデスではないが、歴史は過去に遡れば遡るほど栄耀栄華に満ち満ちており、現代に近づけば近づくほど堕落するという一種の「堕落史観」が、私たちが在籍した頃の希望ヶ丘高校の生徒の雰囲気を支配していたように思う。昔の神中、神高はよかった。俺たちは、今どん底にいるんだという奇妙なコンプレックスが、いつしか私たちの意識の中に芽生えつつあった。

こうした学校の雰囲気について、先生方はどうお考えになっていたのであろうか。『神中・神高・希望ヶ丘高校、八〇年誌』に、私たちが在籍していた頃の学校長、I先生が、次のような回想文を寄せられている。

「私が本校に着任した昭和三四年六月から五カ年余りの期間は、環境整備に明け暮れたが、それ以上に、生徒指導のために多くの精力を注がなければならなかった。

それは、本校が学制改革の外に、移転や小学区制実施などによって、生徒は以前と変わってしまい、伝統に対する違和感をもち、また、重圧感すら感ずるようになっていたからである。だから、生徒のためにも、また、卒業生はもちろん、父兄や一般の期待にそうためにも、格段の指導を必要としたのである。

ただ、生徒は精神的負担を感じていたにしても、根底には、伝統ある学校に在学しているという認識は当然あり、それにふさわしい努力をしなければならないという意識はあった。それに、一般に淳朴で素直で、よく指導に従ったから、指導の眼目は生徒自身にプライドをもって努力する態度を身につけさせることにあった。」

先生方も私たちの伝統に対する重圧感を十分に察知して下さっており、それに負けずに、精神的プライドをもって努力するように励まして下さった経緯が、ここに明らかにされている。

神中の伝統、それは、校歌や制服の中に厳然と生きていた。一九三四(昭和九)年につくられ(佐々木信綱作詞、山田耕作作曲)、その後一部変更された校歌「御国の精華」を、私たちはことあるごとに合唱した。不思議なことに、その歌詞の大時代的なトーンに疑問を抱いた者は、私の周辺ではほとんどいなかった。その歌詞が戦後民主主義の理念とどう折り合うのかという疑念も、それほど強かったようにも思われない。

実際に、「皇国」を「御国」に、「帝都」を「都」に、「亜細亜の未来」を「世界の未来」に、「神中」を「神高」に、字句の入れ替えだけで、「神高」の校歌ができあがったと言われている。「心を鍛へ身を練りて、御国の為めにいざ共に〜」という三番の歌詞は、唱った記憶がない。しかし、仮にこの歌詞を唱ったとしても、それは、高度経済成長期の国威発揚的な気分とも折り合って、さほどの矛盾が感じられなかったであろう。

ところで、私たちが着た制服は、濃紺のサージに、詰め襟と袖に黒のジャバラをつけた海軍服のようなものであった。帽子の帽章や五つボタンのデザインは、希望ヶ丘高校でありながら「神中」の名残を示す「神高」のマークが入っていた。今思えば、私たちは、まさに「伝統」でからだを包み込んで、通学していたのである。高校に入学したての頃は、そのことに強い違和感があった。

そういえば、この制服にまつわる面白い経験が一度だけあった。私は高校の頃も大和市に住んでいて、相模鉄道線で希望ヶ丘駅まで通った。たしか一年に入学したての頃であった。大和駅のホームで電車を待っていると、私は、ちょっとしたことで、二人の高校生風の男子に因縁をつけられた。理由は、「神高だからって、でっかい顔するんじゃない」というものだった。相手は確かに「神高」と呼んだのだ。このことで、逆に私は、希望ヶ丘高校は世間でも「神高」で通っていること、それも「でかい顔」のできる学校であることに、驚いたものである。

しかし、残念ながら、それは同じ学区か、せいぜい神奈川県内だけに通ずるブランドでしかなかった。現に、私が、高校卒業後、東京教育大学（現、筑波大学）に入学し、同じ教育学科に入った同級生（四〇人）に、自分の出身高校の「希望ヶ丘」の名を告げたときに、神奈川県出身者以外の誰も知らなかったことは、内心大きなショックであった。「ずいぶんロマンチックな名前の高校ねェ」と女子の一人は言い、「私立でしょ?」と別の一人から言われたことは、いまだに忘れ難い。別に私立が悪いというわけではない。高校在学中は、諸先生、先輩方から、神中・神高の伝統の上にあるという、ささやかな自尊心をくすぐられて三年間を過ごしてきたわけであるが、一歩県外に出てみると、世間では、地方鉄道である相模鉄道線の沿線駅にある、ただの「希望ヶ丘」高校であった。その落差は大きかった。

あの当時、日比谷高校の前身が、東京府立第一中学校であることは、多くの学生が知っていた。しかし、残念ながら、希望ヶ丘高校の前身が「神奈川県立第一中学校」であることを知っていた者は、一握りの神奈川県出身者を除くと誰もいなかった。

「神中」と希望ヶ丘高校との説明を要するこうした関連について、希望ヶ丘高校野球部が初めて甲子園に出場したときにも、同様の「説明」が求められたことが、『八〇年誌』に掲載されている。それは、野球部のユニフォームの胸にある「J」の由来を新聞社が問い合わせたときに、「横浜一中、神中、神高、希望ヶ丘などのつながりを納得させるのに一汗」をかいたという記事である。それは、正式には「希望ヶ丘高校」でありながら、いつも後見人のように「神中」「神高」の看板を一緒に背負って社会に出るときに、必ず問われる二重生活のもつ矛盾であった。

4　Y校戦

ところで、希望ヶ丘高校の伝統のスポーツ行事、Y校（横浜市立横浜商業高等学校）戦が近づくと、私たちは、全員芝生のスロープに集められ、応援団の監視のもとに、宣戦歌や応援歌、遠征歌をたたき込まれた。このときばかりは、時計の針が逆転し、あたかも戦前の旧制中学の「根性」や「しごき」の世界が再現するかのようであった。私たちは、昼食をとるのもそこそこに芝生に必死に集合した。遅れた者には、応援団からどんな罵声が浴びせかけられるかみんなよく知っていたので、私たちは皆、カウボーイに急き立てられる子牛のように、応援団に従い、まことに従順に応援練習をした。横浜市南区南太田のY校に出向き、応援をしたはずであるが、その勝敗については、（運動部OBの皆さんにはまことに申し訳ないが）全く記憶がない。記憶にあるのは、その応援歌の独特のリズムと、現在から見れば、ほとんど死語に等しい言葉が連なる文語体の歌詞である。

例えば、「遠征歌」は次のような歌詞である。

乾坤どよむ勝ちどきに
戦前敵はしょう伏す
桜陵を下り来て

目指す敵陣眺むれば
撃ちてしやまん雄心に
胸の血潮も踊るなり

どうみてもこれは、野球観戦の歌ではない。第二次世界大戦中に「鬼畜米英」と敵対した戦時中の歌である。『神中・神高・希望ヶ丘高校、八〇周年記念誌』に、私たちが二年生のときに行われたY校戦の模様が記されている。

六月二四日、第四〇回Y校定期戦行われる。Y校選手を迎え、本校グラウンドで盛大に挙行。まず両校選手の堂々の入場の後、両校ブラスバンドによる君が代吹奏、校長あいさつ、優勝杯・楯の返還、関東高校陸連からの第四〇回大会を記念しての表彰状とカップなどの贈呈式があり、いよいよ男子一〇〇メートルを皮切りとして、男女二八種目(陸上一四、球技一四)にわたる熱戦の火ぶたが切って落とされる。陸上はやはり予想された通り、神高の三連勝で得点は、J四二対Y三六。午後からの第五回球技対抗戦は、残念ながら本校勢は振わなかった。一方神高の応援は実に見事で、態度、声量、技術などどれをとってもY校を圧倒する。応援団長いわく「よくやってくれた。何もいうことはない」と。

応援団長に「何もいうことはない」と言わしめたほど、私たちの応援は号令一下、整然と動いたのである。このときばかりは、私たちの気持ちは一つになって燃えたぎっており、あたかも「喧騒の巷低く見て」の神中の精神が乗り移っているかのようであった。

5　自由学芸（liberal arts）の世界――諸先生方の授業――

今回、卒業式のときに学校から頂いた黄色い厚地の表紙の『卒業記念アルバム』を、三〇年ぶりに開いてみた。表紙は、「神高、一九六五」とある。それをめくると、「卒業記念、六五（昭和四〇年三月）神奈川県立希望ヶ丘高等学校（第一七回）」と記されている。ここでも「神高」が表の顔である。「希望ヶ丘高校」は、それに追随するかたちでこっそり顔をのぞかせている。

次の頁に、恩師の先生方の懐かしい写真が出ている。私たちが三年次の二学期から、横浜平沼高校長に転出されたI前校長と、代わって西湘高校長から転任されたO校長のお二人が大きく写っている。このときすでに病気であられたS先生が、それにM先生とS先生の三人の小さな顔写真が、並んで左上に載せられている。そしてO校長を含めた全部で五四人の先生方が五列になって、体育館を背にして一枚の写真に写っている。三二年も昔の写真であるから、むろん白黒写真であるが、非常に鮮明である。これを見ると、四分の三以上の先生方が、齢五〇に達した今の私よりもお若い。当時の職員室の若々しく活気に満ちた空気が伝わってくるようだ。

このお写真をじっと眺めていると、三二年という歳月の経過を忘れてしまいそうになる。今でも私たちがジャバラの詰め襟を着た生徒で、あの神高の校舎に行けば、まだ若かった先生方と親しくお話ができるような錯覚に陥る。本当に気さくで、話しやすい先生方が多かった。私が教わった先生方で威圧感や権力の臭いを発散される先生は一人もおられなかった。これはまことに希有なことである。世はまさに高度経済成長の真っ只中で、世間では、企業への忠誠心やモーレツ社員、スポーツ根性ものが、もてはやされていた時代である。一九六四年、私たちがちょうど高校三年のときに、東京オリンピックが開かれ、旧ソ連を接戦で下し、金メダルを取った日本の女子バレーボール・チーム「東洋の魔女」に日本中が熱狂し、大松博文監督の名セリフ「俺について来い」が、時代を象徴する流行語として全国を駆け巡っていた時代である。「ウルトラC」や「しごき」が、日常会話で乱発された時期である。

高度成長の波に日本中が浮足立っていたこの時代に、希望ヶ丘高校の先生方の雰囲気は、エコノミック・アニマルの騒がしい喧噪からは超然としており、プラトンのアカデメイアではないが、まさに本物の文化の香りを、身をもって私たちに伝えて下さったように思う。それは、俗世間の風潮からも、大衆化の波からも守られた、まことに静謐とした空間であった。今から考えると、それは、旧制中学以来の高度な「リベラル・アーツ」(自由学芸)の伝統と新制高校の「民主主義」とが、仲良く同居できた幸運な時代であったと思う。それは、大学の教養学部の自由でアカデミックな雰囲気に限りなく近かった。現在の大衆化された高校の教室では、このような自由でアカデミックな文化の香りを期待することはできないのではないか。

神中以来の名物教師、「シバケン」(S先生)には、私も一年のときに「数学Ⅰ」を教えていただいた。宿題を忘れたり、問題ができなかったりすると、よく棒の先で頭をこづかれた。しわがれたお声で「こんな問題ができないでどうする!」と言ってこづくのだが、それが不思議に痛くはなく「愛の鞭」であることを感じさせる名人芸のこづき方だった。言葉の厳しさとは裏腹に、ユーモラスなしぐさが私たちを「シバケン」びいきにさせた。どうすれば、あのようにマジシャンのような巧みな「愛の鞭」の使い手になれるのか。先生に尋ねることはもうできなくなった。

二年のときに「漢文」を教えていただき、私たちが三年生になった年の一二月三〇日に、三三歳の若さで北アルプスで遭難されたU先生は、中国文学の奥の深さを教えてくださった。独身でシャイな先生であったが、杜甫や李白の詩の解読では、つねにリリシズム(抒情性)溢れる独特の解釈をなさっておられた。

平安時代の貴族のように静かで上品な言葉で、「古文」を教えて下さったS先生。特に『徒然草』に対する先生の緻密な分析と軽妙洒脱な解釈は、それまで遠い時代のものと思っていた古典文学を非常に身近なものに引き寄せてくれた。

「現代国語」のテキストに抄録されていた川端康成の『伊豆の踊子』を、大学の特殊講義のように、実にきめ細かに解読して下さったK先生。この小説の最後の方に、踊り子が別れたあとの主人公の一高生に対して、「いい人はいいね」という台詞がある。これはどのような意味か。先生は何度もテキスト全体の文脈に戻りながら、この一言のもつ重さを私たちにわからせようとして下さった。

一年から三年まで三年間、英語の「リーダー」を教えて下さり、淡々とした口調のなかに暖かなユーモアを含ませて、いろいろな話をして下さった今はなきA先生。先生は、受験英語のノウハウも教えて下さったが、それ以上に英語を通して見えてくる自由な世界への憧れのようなものを教えて下さったように思う。

一年の時に、「幾何学I」を習ったS先生。黒板に円を描くときの名人芸のような早さ、正確さ、美しさ、それに板書の数字の見事さは、今でも忘れられない。先生は余計な無駄口はきかれない方であったが、ガウスのような偉大な数学者のエピソードは、よく話して下さった。

名物教師「でっかち」(T先生)にも、一年のとき「現代国語」を教えていただいた。先生には、教材の内容よりも、それ以上に、実社会に出たときの教訓や社会的リーダーとしての心構え等を、多くの事例を通して教えていただいたような気がする。声がどでかくて、型破りの実に痛快な先生だった。

二年のときに「英文法」を非常にわかりやすく教えていただき、それ以来、多少英語に自信がもてるようになり、大学でも中学・高校の英語の教員免許状を取得するきっかけをつくってくださったS

先生。授業後に、毎時間のように細かな質問をする私に、先生は一度も嫌な顔をすることもなく、実に懇切丁寧に教えて下さった。恐らく職員室では、流れる汗を拭いておられたのではないだろうか。

すでにご定年になられて講師としてお見えになられていた「美術」のF先生や「音楽」のK先生は、それぞれ独特の芸術的世界を私たちに垣間見せて下さった。それぞれ独自の芸域を確立された芸術家であり、高校の先生方は、皆その道のプロなのだということを、このお二人が無言のうちに示して下さった。

私の担任は、一年のときが「古文」のS先生、二年が「現代社会」のI先生、三年が「世界史」のS先生であった。古文のS先生は、非常にきっちりと授業をされる先生で、私などは先生の授業についていくのがやっとであったが、授業を離れて話をすれば、メガネの奥のまなざしが、実に優しい先生であった。

I先生の「現代社会」の授業は、今から考えれば、問題解決学習のやり方で、資料を調べながら、私たちに意見を発表させるものであった。みんなから「ガンさん」と呼ばれる親しさがあり、私たちにとっては、話のわかる一種の兄貴分のような(と申し上げては失礼かもしれないが)存在であった。この「ガンさん」からは、「民主主義」というものが、単なる政治形態なのではなく、何でも自分の頭で考え、それを発表し、話し合うという、日常のライフ・スタイルそのものに根差していることを学んだように思う。

「世界史」のS先生は、西洋の四大文明の発祥から近代の市民革命に至るまで、多くの資料を駆使して、歴史の裏話まで詳しく教えて下さったが、そのためか、時間がなくなってしまい、「現代」は自分で受験勉強したように思う。しかし、お陰で西洋史に対する関心が芽生え、大学に進んでも西洋哲学史や西洋教育思想史を勉強するきっかけをつくって下さったように思う。

以上のように、希望ヶ丘高校で習った先生方の授業は、それぞれの個性に満ち溢れたものばかりであった。これは今でも不思議なことであるが、少なくとも私は、希望ヶ丘高校の三年間の授業では、受験勉強をさせられたという記憶が全くない。この点については、恐らく他の同期生たちも同意するはずである。私たちは、大学受験を、あたかも遠い世界の出来事でもあるかのように感じて、ほとんど意識せず、幅広い教養や文化の香りをからだの全身に吸収できたように思う。先生方も、右に紹介したような授業を実際になさっていたので、私たちは、「神中」のプレッシャーはしばしば感じても、受験のプレッシャーはほとんど感じない三年間を過ごしたのである。その意味では、あの頃の希望ヶ丘高校の校風は、古きよき旧制中学のリベラル・アーツの伝統が色濃く残る最後の時期であったのかもしれない。

6　ターザンの授業

毎日新聞横浜支局が編集した『わが母校・わが友』（一九七六年）という本がある。この中に、わが母校、希望ヶ丘高校のことが詳しく紹介されている。そのある個所で、「神中精神とは一体なんだろう」という問いかけがなされており、私は大変興味深く読んだ。

名校長の誉れが高かった神中の二代目校長のK先生が「自学自習」を教育方針としたことはよく知られている。「自らの力で真理を探求せよ」という教えである。私たちが卒業後に母校に着任され、新しい校歌の作詞もなされたI先生は、これを敷延して、「文武百般に通ずること。何でも学べの雑学のすすめの意味もある」として、結局「旺盛な雑学の精神」をもって、神中以来の希望ヶ丘高校の学風であるとしている。

「雑学」が「リベラル・アーツ」の香り高きものをも内包するものであるならば、私もこのI先生の意見に全く同感である。私が希望ヶ丘高校の三年間で学んだことは、前記のように「リベラル・アーツの精神」であり、言いかえれば、「何でも学べ」の旺盛な「雑学の精神」だったからである。その「なんでも学べの雑学」の権化のように私には見えた先生が、あの「ターザン」（F先生）であった。

先の『卒業アルバム』の先生方の集合写真をよく見るとまだ三〇代半ばと思われるF先生は、最前列でS教頭とI先生の間に挟まりながらも、肩幅が大きいせいか、両大先生を後ろに押しやるような格好で写っている。髪が長く、がっしりした体格で、「ターザン」というあだ名がまことにお似合いの野性味溢れる先生であった。以下に書くことを、先生に直接申し上げたことは、これまで一度もないし、先生もそのことを知っておられるとは思われないが、私は授業を通して、先生から思想的に(?)大きな影響を受けた者の一人である。

F先生には、一年、三年のときに「英文法」を教えていただいた。この頃、先生はまだお若く、三〇代の半ばで血気盛んな時期であったように思う。内部から湧き出るようなその知的エネルギーは、授業中にひしひしと伝わってきた。毎回五〇分の授業の半分以上の時間を、先生は、映画、文学、哲学、芸術の話に費やされた。そこにはF節《ぶし》とでも言うべき独特の語り口があり、緩急自在の話題の転換があった。しかしどの話題にも、つねに先生の実に個性的な世界観が投影されていた。先生は私たちに教訓を垂れることは一切しなかったが、時に私たちを突き放したような、シニカルな笑いを見せた。難しい話に目を白黒させている私たちにふと気づいて、ターザンは「君たちは、ホントにしあわせでいいですね。いいんですかね、こんなにしあわせで」などと言うこともあった。

「要するに、俺たちをバカにしているんだ」と誰かが言ったが、決してそういう風にも見えなかった。私たちが理解しようとしまいと、先生は最近読んだ本や映画の話を、一人芝居のように、熱っぽく語るのだった。とにかく、ありとあらゆる事象を批評の対象とする自由自在な知性の展開に、私は限りない魅力を感じていた。現代哲学の流行語を使うなら、それはまさに「演劇的知性」とでも呼びうるものだった。

しかし、一年生の最初の「英文法」の授業では、私たちは度肝を抜かれた。これが高校の授業なのか。何だかよくわからず、難しいけれど、ワクワクさせるものが、そこにはあった。私などは、毎回、先生の授業があるのが楽しみで、授業が始まっても、さあ、いつ脱線するか、時計を見ながらそろそろ教科書から離れる時間だなどと思いながら、先生の顔を眺めていた。ときには、五〇分間のほとんどを脱線に費やされることもあった。その時は、今から思うとおかしくて笑い出してしまうのだが、私たちはずいぶん得をしたような気分になっていた。

一九九五年四月から一年間、ドイツのベルリン自由大学に客員研究員として招かれたことがあった。その招待者であるD・レンツェン教育学部長（当時、ドイツ教育学会会長）の応接室に初めて通されたときのこと。ゆったりとした美術館のように気品のある応接室の白い壁に、ハンフリー・ボガードとイングリッド・バーグマンの『カサブランカ』の一シーンを撮った大きな写真が額に入れられて飾ってあるのが目にとまった。むろん白黒写真であるが、とてもセンスのいい写真だった。このときも、レンツェン教授と言葉を交わしながらも、「カサブランカ」の話をしてくれた「ターザン」の四角い顔が、ふっと頭の隅をかすめたものである。

三年生の時に、「ターザン」は教科書に載っていた『ソクラテスの弁明』の英文の一部（といっても五～六頁）を私たちに暗唱させた。そのときに、こうしたギリシャ哲学の素養は、大学に入ってから役に立つからだと説明されたことを、私は今でも鮮明に覚えている。一人一人立たされて、何十行もの英文を、空で言わされたものである。私たちは、陰でブツブツ文句を言いながらもテキストの暗唱に励んだ。それればかりか、私などは、その夏休みに、『ソクラテスの弁明』の英文テキストを伊勢崎町の書店、有隣堂で買い求め、対訳を見ながら、全文を自分で試訳し、暗記していったのである。そして、それがきっかけで、私は、岩波文庫版や角川文庫版のプラトンの対話編をすべて買い求め、そこにないものは、単行本を買って読み耽ったものであった。もちろんあの頃の私に、その内容がすべて理解できたわけではない。しかし、「ターザン」の授業から、人との対話が相手にいかに多くの知的ドラマを生み出すことか、あの偉大な人類の教師ソクラテスを、「ターザン」と重ね合わせながら読んだものである。

その後、私は入学した大学の文学部のギリシャ哲学の権威であったM教授から、ソクラテスががっしりとした体格で、目玉が大きく唇も分厚いエネルギッシュな男であったこと、「痩せたソクラテス」が単なる言葉の比喩でしかなかったことを教えられ、またもや「ターザン」の風貌を思い起こしたものである。

F先生からの影響は、それればかりではない。希望ヶ丘高校卒業(一九六五年三月)後、私は東京教育大学教育学部教育学科に進んだが、教育学の講義はあまり面白いものではなかった。私は大学に入ってから、英語の教職課程をとる傍ら、文学部の哲学科、倫理学科の授業に顔を出すようになっていた。

ふとしたきっかけで知り合った田中美知太郎（京都大学名誉教授）の弟子のT氏（当時、岩波書店勤務）から古代ギリシャ語を習い、『ソクラテスの弁明』を原典のギリシャ語で読む幸運を得た。そんなことで、私は教育学専攻でありながら、哲学の研究室に出入りするようになっていた。教育学部の雰囲気とは異なって、文学部には、一風変わった学生が多かった。哲学科の一年下には、後に「ベルサイユの薔薇」で一躍有名になったマンガ家の池田理代子がいた。全共闘の闘士もいた。大学は筑波移転をめぐり騒然とした状況であったが、私は卒業論文のテーマを「アリストテレスの幸福論」とし、さらに大学院に進んで教育哲学を専攻し、修士課程からドイツの現象学、実存哲学、哲学的人間学等に関する文献を読み漁ってきた。「教育」という言葉をなるべく使わない教育学をやりたいというのが、大学時代からの私のひそかな願望であり、ささやかな志でもあった。それは、結局、高校三年の夏休みに、プラトンの対話篇に取り組み、その面白さのとりこになったことがきっかけとなっている。大学時代の私は、ソクラテスはきっと「ターザン」のように、相手を「教育すること」よりも、相手と「議論すること」を無上の愉しみとするフィロロゴス（議論好きの人間）だったのではないかなどと考えたりして、古代哲学のレポートを書いたこともあった。

いずれにしても、教育哲学という学問に関心をもち、西洋の教育哲学研究を一生の仕事として選択するに至った遠いきっかけは、明らかに「ターザン」の授業にあった。いつか直接先生にお会いして、そのお礼をお申し上げたいと思いつつも、まだ実現していない。昔と同じように、「ああ、そんなことがありましたか。ハハハハ」と一笑に付されてしまうような気がして、実はお目にかかることが怖いというのが、正直な本音である。

7　高度経済成長が生み出した効率優先の教育システム

ところで、私たちが高校時代を送った一九六〇年代とは、戦後の中等教育史の上で、どういう時代だったのだろうか。

それは、すでに述べたように、古きよき時代の旧制中学の校風がまだ残存し、戦後の新制高校の民主主義的な理念との奇妙なバランスを保っていた時代であった。率直に言って、私は、「神中」の残照がまだ私たちの目に眩しく残っており、しかも、まさに「戦後民主主義」が日本社会に定着しようとしていたこの時期に、希望ヶ丘高校で学べたことを、まことに幸運に思う。それは「古きよきもの」と「新しいもの」との間の矛盾、葛藤が剥き出しにならず、その矛盾に教師や生徒の心が引き裂かれることがなかったからである。

それでは、ここで言う「古きよきもの」とは何か。それは、高等学校が選ばれたものだけが通う場であり、高度な学問、文化に没頭できる恵まれた場であること、また選ばれた者だけが背負う社会的、文化的な重荷を、何の疑いもなく引き受けられる感覚そのものである。そこには、ある意味で私的栄達を低く見る精神が流れている。実際に、第五代目の校長、K先生は、次の三つの標語を「神中」の生徒たちに示して、その誇りと自覚を喚起したと伝えられる。

われらは選ばれたる者なり
先頭に立つ者なり
光を放つ者なり

K先生は、弘前市の出身。東京高等師範学校を卒業し、長野県の中学校教員を経て、佐賀県立鹿島高等女学校（現鹿島高校）、同唐津高等女学校（現唐津西高等学校）、神奈川県立平塚高等女学校（現平塚江南高校）、同厚木中学校（現厚木高校）、同横浜第三中学校（現緑ヶ丘高校）と五つの校長を歴任した、名校長の誉れ高い人物である。彼の創出したこの三つの標語は、まさにこの時期の「神中」の生徒たちに課せられた選良的な使命を、ものの見事に言い表している。

実際に、『桜蔭会会員名簿』を見ればわかるように、戦前の「神奈川県立第一中学校」「県立第一横浜中学校」「県立横浜第一中学校」に通った者のほとんどは、旧制高校を経て、大学にまで進学している。当時それは、同年齢層のほぼ一割程度であったはずである。大多数の者は、六年間の尋常小学校（一九四一年から終戦までは「国民学校」）を終えてすぐに就職するか、せいぜい高等小学校か実業（補習）

学校まで進めれば幸運の部類だった時代である。その時代に、大学進学に直結する旧制中学に進む者は、それだけで選ばれた者であり、将来は社会の中枢を担うエリートたることを約束されていた。「神中」が一九一三年に「県立第一横浜中」に変わり、それが戦後、さらに「県立横浜第一高校」に変わっても、「喧騒の巷」を「低く見て」「神中」の気風と校風は脈々と語り継がれてきた。

すでに述べたように、私たちは、その「誇り」と「重圧」というアンビバレンツな影響を全身に浴びて、高校時代を過ごした最後の世代である。この「重圧」は、私たちの後の「紛争の世代」が、ものの見事にはねのけることになる。

私たちは、頭の上で習う「戦後民主主義」と、空気のようにからだに吸い込む「神中」の「選良的風土」とを、無意識のうちに折り合いをつけながら、三年間を過ごしてきたのだと思う。

すでに述べたように、「シバケン」は授業中、よく「この程度の問題がわからなくてどうする！」と言って、私たちの頭を鞭でこづくことがあった。それは、決して私たちをバカにしてのことではなかった。「神中」がそうであったように、少なくとも選ばれた学校に入ってきた者は、この程度のことは分かって当たり前だとするニュアンスがあった。ありていに言えば、一般の生徒にはわからなくても、お前たちにはわかるはずだという意識がはたらいていたように思う。だからこそ、「シバケン」に鞭でこづかれることは、むしろ名誉なことですらあったのだ。

また、あの当時の希望ヶ丘高校には、Y校戦のときの「神高応援歌」に見られるような戦前の軍国主義を彷彿とさせるような世界もまだ生きていた。それは、高度経済成長期までの日本は、戦後の民主化政策にもかかわらず、社会的風土として、共同体的なるものを温存させてきたことを意味する。冒頭にも触れたように、一九六三年に大ヒットした船木一夫の「高校三年生」は、学園を一つの生活共同体とみなし、同級生がそこから離れてバラバラになることを惜しむ歌である。あの頃は、学校ばかりでなく、家族、郷里、地縁、血縁の人々の人間的な絆がまだ生きていた時代であった。一九六〇年代末までの日本人の集団は、家族であれ、学校であれ、職場であれ、すべて「母なるもの」であり、「世間の荒波」から、その構成員を暖かく包み込んでくれるものであった。

戦後の民主主義を担った人々も、実生活の上では、こうした母性原理（河合隼雄『子どもと学校』岩波新書、一九九二年）の土台の上に成り立っていたのである。家族であれ、学校であれ、職場であれ、そこには、人と人とのかかわり合いがあり、人の失敗を許容しうる「ゆとり」があり、効率だけでことを運ばない大らかさがあった。「クラス仲間はいつまでも〜」と歌ってもおかしくない人間関係が成り立っていた。他者の問題は、自分の問題でもあった。

しかしながら、一九六〇年代に軌道に乗った高度経済成長は、科学技術の振興と生産力の一層の向上のために、日本人を家庭や地域社会から引き離し、大人を企業の中へ（会社人間）、子どもを学校の中へ（素直な受験戦士たち）と囲い込む政策を生みだした。大人が「営業成績」一つで社会的上昇を果たし、または没落の憂き目に遭わねばならないように、子どもは、その「学力」一つで、学校の階段を上ってゆかねばならない。高度経済成長期にできあがった生産性と効率重視のこの社会は、人間を「機能」や「能力」として見るメリトクラシー（業績中心主義）の巨大システムをつくり出す結果を生んだ。そこでは、大人たちはむろんのこと、子どもや若者たちまでもが、歯車のようなバラバラな部品として扱われるようになった。

それは、私たちが高校一年であった年の一一月に発表された文部省の「第一回教育白書――日本の成長と教育」の中にも、鮮明に打ち出されていた。「白書」は言う。「生産の増加において、『人的能力』の効果が大きく評価されるならば、人間の能力の高度化が積極的に意図されるべきことは当然である。このための主役を果たすものこそ教育にほかならない」と。さらに、国民所得の増加に、教育がどのように貢献しているかを試算してみなければならない、と「白書」は述べている。特に注目されるのは、教育投資の配分の原理についてである。とりわけ後期中等教育には、「能力・適性」や「進路」に応じた教育が求められた。それは、経済界における「ライン」と「スタッフ」の分離、すなわち「ハイ・タレント」と「ロウ・タレント」の区別を援用し、高校教育を「適性・能力」や「進路」に応じて、「多様化」していく政策となって具体化されていった。

この時期の文部省の政策課題となった高校教育の多様化、能力主義化は、普・商・工・農という「新しい身分制度」を生み出すに至った。戦後生まれの団塊の世代が、高校に入学し、大学に進学する時期には、「受験地獄」や「受験競争」が激しくなる時期であった。

8　高校の大衆化と学園紛争への予兆

高校教育の多様化政策は、高校間にあからさまな格差をもたらす結果を招いた。それは、中学校での進路指導において、高校進学希望者を、学業成績順に普・商・工・農の順に振り分けることすら行われるようになった。中学校教育が、こうした格差、新しい「身分制社会」を生み出していた。生徒たちは、当然こうした振り分けに敏感だった。このため、農業高校をはじめとして、職業高校に進学した者の中には、制帽をかぶらないで登下校する者もめずらしくない状態が生み出された。

高校進学率の大幅な上昇とともに、大都市及びその近郊では、ほとんどの中学生が高校に進学するようになった。一九六五（昭和四〇）年には、全国平均で七〇・七％の中学生が高校に進学しているから、神奈川県内では恐らく八〇％近くの生徒が高校に進学していたはずである。高校はもはや一部のエリートが通う場ではなくなった。「喧騒の巷低く見て」（宣戦歌）選ばれたエリートが馳せ集い、「御国の精華」（校歌）を一身に背負っていく場ではなくなった。誰もが高校に進学できる時代になったからである。高校教育がすっかり大衆化した一九六〇年代の後半に、旧制中学的なエートス（心的習慣）を強調することは、生徒たちにとって、もはやアナクロニズム以外の何物でもない時期を迎えていた。社会全体が、効率主義的に再編成される時代に入ったからである。それを、エリート意識の衰退であるとして嘆くのは、当時の高校生たちの苦しい精神状況を理解していないことの現れである。すでに大衆化された高校教育の時代に、「神中」の伝統を強調することは、希望ヶ丘高校の生徒たちに、序列意識をかき立て、他校との格差、優位を強調することにつながる。それは、多様化した職業高校に配分されていった仲間たちとの関係を切り捨てることを要求することに等しい。

一九六〇年代後半の高校は、もはや一部の特権階級の子弟が「御国の精華」を引き継ぐために勉学に励む場所ではなくなった。それでは何のために彼らは高校に行くのか。大多数の者が行くから行くのである。高校ぐらいは出ておかないと仕事が見つからない時代になったから、高校へ行く時代になったのである。高校紛争が、新設高校ではなく、主に伝統のある高校で生じたことは、決して不思議ではない。それは、「隠されたカリキュラム」のレベルにおいて「エリート型」教育のシステムから抜け出し、新しい「大衆型」教育に見合った高校教育を模索するための生みの苦しみであった。そこには、「僕らは何のために高校教育を受けているのか」という、私たち以前の世代が思いもよらなかった新しい問いかけがなされたはずである。

八〇周年記念の折につくられた冊子『母校、いま昔──神中・神高・希望ヶ丘高の八〇年──』に、紛争当時にその「中心的役割を果たした四人」の率直な意見が掲載されていて、まことに興味深い。一人は、現職の中学校教師。残りの三人は、偶然にも国立大学の大学院生である。私たちが、その残照に小さな「プライド」をくすぐられ、同時にその「重圧」にも喘いだ「神中」を、彼らはどう見ていたのだろうか。

A「まわりが、一生懸命、神中と希望ヶ丘を関係づけようとしているに過ぎない。ボクらは、神中にはかかわれなかったわけだし、ボクらには関心も、関係もない。」
B「戦前の神中は特権エリート校だ。いまとは条件が違いすぎる。関連づけて八〇年とかなんとかいっても、意味がないだろう。」
D「神中のリベラリズムとか、反骨精神とか、よく聞かされるが、ひとのこと言われているみたいだ。」

ここには、「神中」の伝統を苦もなく退けられる世代がいる。「神中」は、「ボクらには関心も関係もない」とあっさり言ってのけられる新しい世代が生まれた。それは確かに「紛争世代」が要求した「民主化」のせいであるかもしれない。しかし、そればかりではない。伝統から切り離された重荷のない自由な感覚は、実は高度経済成長という巨大な産業の歯車が生み出した「大衆社会」(mass society)と、人々の意識の「私生活化」の産物でもある。

大衆社会では、少数の「エリート」とそれに牽引される「一般大衆」という構図よりも、現実の大衆社会の中に埋没することなく、「自分の顔」をどう保持するか、「自分のアイデンティティ」をどこに求めるのかという問題の方が、はるかにさし迫った問題になるのだ。社会の「エリート」であることよりも、「自分の世界」をもつ人間、「個性的に生きている」ことに価値をおく世代が育ってきた。紛争の当時には、「伝統」と「民主化」のせめぎ合いという構図ばかりが目だったが、実はあの当時、もっと大きな文明的な衝突が起こっていたのである。「集団」を牽引するエリートの教育から、「自分のアイデンティティ」を確立できる教育へ。それは確かに、戦前から戦後に引き継がれた高校教育像の転換を迫るものであった。

9 新しい校歌

一九九七年五月半ば、私は、ほぼ三〇年ぶりに希望ヶ丘高校を訪れた。本章の原稿を執筆する資料をお借りするために、担当のT先生にお会いするためであった。その折に、まことに幸運なことに、希望ヶ丘高校の新しい校歌を作詞されたI先生にもお目にかかることができた。I先生はすでに希望ヶ丘高校教諭の職を退かれ、悠々自適の生活を送っておられるとのこと。職員室で話に花が咲き、T先生もご一緒に三人で赤ちょうちんから、カラオケ・スナックまでおつき合いさせて頂いた。初めてお目にかかる母校の先生である。母校の先生方の間に、このような気さくな雰囲気がまだ残っているることがうれしく思われた。I先生は、飲み屋のカウンターでいくらか酔われながら、ご自分が作詞された校歌を口ずさみはじめた。私が初めて聞く母校の「校歌」である。そしてその一節一節にどんな思いを込めて作詞されたかを、丁寧に解説して下さった。

重なる丘の曙に　ま直ぐなる木の芽の息吹き
礎固き学び舎に　桜花の粋を享けて継ぎ
あしたを創る若人の　瞳明るく輝けり
ああ、希望ヶ丘高校　うるわしき
我ら　自ら学びて　真理を究めん

校歌の歌詞を改めて見せてもらい、私がまず思ったことは、ああ肩の力が抜けている、ということだった。やっと等身大の高校生の歌になったという感慨でもある。しかし、私よりも古い世代の卒業生から見れば、何と軟弱な校歌になったものだと寂しく思う人も、きっといるに違いない。一九三四(昭和九)年という、国威発揚の時代にできた「神中校歌」とは大違いだからである。

私たちは、「神中」校歌を一部手直しされたものを、眉間にしわを寄せてそのまま「神高」校歌として唱い、「御国の精華」を引き継ぎ、「御国の為にいざ共に吾等神高の力を増さむ」と歌ってきた。敗戦によって天皇制国家が崩壊した後でも、一九五〇年代末からの高度経済成長期の企業国家の精神にもあてはまり、国家や企業のために「頑張ること」を誇りとしてきた。しかし、すでに述べたように、国威発揚や高度経済成長の時代は完全に終わりを告げたのである。一九七〇年前後の大学及び高校における「紛争」は、決して偶発的なものではなく、人間を経済発展のための単なるマンパワーとして配置する巨大なシステム社会の出現に対する青年たちの生理的とも言える拒絶反応だったのだ。

10　拡散する高校アイデンティティ

今回、希望ヶ丘高校「百周年担当事務局長」のF氏から私に与えられた課題は、一九五〇年代から六〇年代の希望ヶ丘高校を、戦後の中等教育史の中で語ってほしい、ということであった。高校時代の三年間は、私の人生の中でも実に大きな意味のある時期であったので、語って語り尽くせるものではない。しかし、とりあえず前節までが、現在の時点で、あの希望ヶ丘高校時代を振り返って、見えてくる学校の原風景であり、人間模様である。

しかし、与えられたスペースにもまだ若干の余裕があり、せっかくのチャンスでもあるので、もう一言、日ごろ考えていることを付け加えさせていただきたいと思う。それは、「これからの希望ヶ丘高校はどこへ行くのか」ということである。

希望ヶ丘高校の職員でも、元職員でもなく、百年にわたって送り出されてきた卒業生の何万分の一に過ぎない私が、なぜこの問題に多少こだわるのかと言えば、それは、私の個人的な体験に由来する。

私の勤務する横浜国立大学の授業を通して、この春、希望ヶ丘高校を卒業して、国大に入学してきた女子学生に出会った。私の見るところ、希望ヶ丘高校の卒業生は、皆くったくがなく、素直でおっとりしている。彼女も、やはりそんなタイプの学生だった。さぞかし充実した学園生活を送ったのだろうと思って、母校の話を聞いてみると、驚いたことに、彼女は言下に、いまの希望ヶ丘高校には絶望している、と言い放った。学校に細かな規則や制服がなく、試験の回数が少ないのはいいのだが、逆に生徒の方は、「自由」を「放縦」とはき違え、だらけきっていると言う。生徒会や部活は必ずしも活発ではなく、生徒たちの間で、何事につけ、他人まかせの風潮が横行していると言う。と言って、ひたすら受験勉強に精をだすのでもない。実に中途半端な三年間だった、というのが彼女の高校生活の感想だった。

もちろん個人差があるから、彼女の説明を無条件に受け入れることはできない。そうでない人もいるであろうし、受験教育でならした有名進学校から入学して来る伸び切ったゴムのように生気のない学生からみれば、そのような不平を堂々と言える学生を送り出した母校を、むしろ誇らしくすら思っている。しかし、私の経験では、彼女のような感想は、実は一人だけではない。ここ一〇年ほどの卒業生たちからは、たびたびこうした声を耳にするのである。

これからの希望ヶ丘高校は、一体どこへいくのだろうか。部外者ではあるけれども、やはりいささか気になるのである。したがって、母校の関係者の方々には、以下のことは、顔も見えない遠い外野席からの無責任なつぶやき、いや妄言だと思ってお聞き流して下さって、一向にさしつかえない。

これからの後期中等教育は、どこへ行くのか。すでに述べたように、大衆化され、ほぼ義務化した高校教育を活性化する方法として、文部大臣の諮問機関である第一六期中央教育審議会は、第二次答申(一九九七年六月二六日)の中で、中高一貫教育に代表されるように、高校教育の個性化、多様化という方針をすでに打ち出している。これからは、生徒一人ひとりの個性が重視されなければならないように、公立高校も同質的なものから、多様なものへ、複眼的でバラエティのある教育が求められるとしている。飛び級の実施や単位制の実質化、教科選択の幅の拡大などがこれからの高校教育改革の目玉になりそうな気配である。

むろん、それぞれの高校ごとに、個性のある教育課程を編成することは望ましい。私が気になるのは、現代における日本の高校教育の原理的な把握である。多様化されると言っても、高校は、あくまでも中等の「普通教育」(general education)を施す場であって、専門学校ではない。現在注目されているコンピュータ教育、英会話、国際理解、ボランティア等は、現代の高校における「基礎教育」とは何かという問いの中に位置づけられてしかるべきものである。

私は、これからの希望ヶ丘高校では、二一世紀に生きる「自由で自立した人間の基礎」をしっかり育成してほしいと願っている。「自由で自立した人間」とは何か。それは、現代における、そして二一世紀における「教養」とは何かを問い直すところから始めなければならない。それは、私たちが高校時代に受けた「古典的教養」に根差すものではあるが、もはやそれと同じものではありえない。現代は高度情報社会であり、既成のあらゆる領域や学問分野が(人文・社会・自然という区別すらも)解体し、ボーダレス化しつつある時代である。

このような時代には、「自分の頭で考える人間」が必要である。多くの情報から必要なものを抜き出す力、それを自分の考えでまとめる力、文章化する力、発表する力、他者を説得する力、ディベートの力、情報をさらに検索する力。こうした「自分の頭で考える人間」こそが、これからの時代の「教養人」を代表するのではないか。

大衆社会(mass society)の中では、一つひとつの問題を、自分の頭で具体的に考え、それを表現してゆける人間だけが、「自分の顔」をはっきりともつことができる。これからの時代の大学は、そのような自由で柔軟なセンスをもった「自分の頭で考える学生」を求めている。偏差値だけが肥大化して自分のない受験秀才は、二一世紀の大学や社会では使い物にならないであろう。

実際に、いま大学は、ものすごい勢いで自己改革を推し進めてきている。教養教育にあたる「基礎演習」では、レポートの書き方を教え、ディベートの能力を鍛え、多読の技法を身につけさせ、情報の検索方法を教える。いわゆる「知の技法」を徹底して教える。一週間前に課題を与え、次の週にそれについて、みんなで討議する。しかし、こうした基礎的な訓練は、本来は高校教育でなされるべき内容なのだと私は考えている。したがって、これからの大学入試の内容は、こうした「知の技法」の蓄積の有無を識別するところに主眼が置かれるものとなるはずである。

現在の希望ヶ丘高校が、受験教育に対して品位ある距離をおいているという噂を、横浜国立大学に入学してくる多くの学生から聞いている。そうした校風に対して、多くの卒業生たちは、好意的に受けとめている。すでに述べたように、希望ヶ丘高校は、私たちが在籍していた頃から、すでにそういう学校であった。そうした本校の長い伝統(?)を、私は今でも誇りに思っている。しかし、それは他方で、自主自律という名の放任を意味するものであってはならないと思う。

私たちの高校時代は、まだ完全には大衆化されておらず、古典的教養や文化の香りを先生方が大いに発散して下さった。教室で三年間、その香りを空気のように吸収したからこそ、私たちは、自主的に学んでこれたのである。しかし、今日のように高校教育が完全に大衆化した時代には、さらに別のかたちでの「学びへの援助」が求められているのではないか。自分の意見のまとめ方、レポートの書き方、ディベートの技術、情報検索の方法、意見発表の仕方、集団討議の中での合意形成のやり方。各教科の指導において、生徒を前面に押し出した学習形態を工夫することが必要なのではないか。それは、大学において、また実社会においても役に立つ、本当の意味での「基礎教養」を生徒の中に育むことなのである。

I先生が作詞なされた新しい校歌には、「自ら学びて　真理を究めん」「自ら律して　自由を展げん」「個性をはぐくむこの天地」とある。自主自律、自学自習をモットーとしてきた神中、神高、希望ヶ丘高校の精神が、今ようやく、力むことなく自然体において母校の見えざる力になろうとしていることを、私はひしひしと感じている。そのことを、私は心からうれしく思う者の一人である。ただし、それは、決して「昔はよかった」式のセンチメンタリズムに浸ることではない。「希望ヶ丘高校」は、もはや「神中」や「神高」に戻ることはできないし、またその必要もさらさらないのである。むしろ、受験や騒がしい世相からは超然として、どんな時代にも「自分の頭で考える人間」を世に送り出してきた、厚みのある「基礎教育」の校風と伝統をこそ将来に引き継ぐべきなのである。

おわりに

すでに記したように、私は一九六五（昭和四〇）年に希望ヶ丘高校を卒業すると同時に東京教育大学教育学部教育学科に進学し、そのまま大学院で教育哲学を専攻して、大学に奉職する道を選んだ。世間的には、私は教育学者ということになる。しかし、私は、昔から子どもや若者を「どう教育するか」ということには、あまり関心がない。それよりも、子ども・若者、そして私たち大人、あるいは高齢者が、どう学び、どう生きていくのかという、「学び手」の側から見る世界の広がりの方に、大いに関心をもっている。子どもや青年を、"homo educandum"（教育されるヒト）として見るのではなく、"homo discerns"（自ら学ぶヒト）として、自分たち大人と眼差しが交流し合う同じレベルで捉えるべきだというのが、教育学会における私の立場であり、年来の主張である。

古代ギリシャ以来の教育哲学の流れを、こうした視点から捉え直そうとする私の試みのルーツは、やはり希望ヶ丘高校の三年間にあったことを、この原稿を書かせていただく中で何度も実感させられた。

こうした試みのささやかな成果として、一九九二年に『子どもの自己形成空間――教育哲学的アプローチ』を、一九九七年に『学校のパラダイム転換――〈機能空間〉から〈意味空間〉へ』（いずれも川島書店）という二冊の小著を上梓した。

母校の校門に続く林に囲まれたあのゆるやかな坂道、楠の木の茂る前庭、急に視界が広がるあの広々としたグラウンド、芝生のスロープ、木造の校舎、歩くとミシミシと床の鳴った古びた生物部の部室。これまでたびたび「学校」について書いたり、喋ったりしてきたが、私にとっての学校の〈原風景〉は、やはり希望ヶ丘高校のあの温もりのある空間にあったことを、今あらためて思い返している。

【参考文献】

仲新 監修『学校の歴史三　中学校・高等学校の歴史』第一法規、一九七九年。
山内太郎 編著『戦後日本の教育改革五　学校制度』東京大学出版会、一九七二年。
神奈川県教育委員会編『神奈川の教育――戦後三〇年の歩み』一九七九年。
神奈川県教育委員会編『神奈川の教育　補遺編』一九八〇年。
葛野重雄『神奈川県中等教育史』丸井図書出版、一九八二年。
毎日新聞横浜支局編『わが母校・わが友』丸井図書出版、一九七六年。
間宏 編著『高度経済成長下の生活世界』文真堂、一九九四年。

中内敏夫・竹内常一・藤岡貞彦・中野光編著『教育のあしあと』平凡社、一九七七年。
高橋勝・下山田裕彦編著『子どもの〈暮らし〉の社会史』川島書店、一九九五年。
『母校、いま昔――神中・神高・希望ヶ丘高の八〇年』神奈川新聞社、一九七七年。
『神中・神高・希望ヶ丘高、八〇周年記念誌』一九七七年。
『神中・神高・希望ヶ丘高、九〇周年記念誌』一九八七年。

初出一覧

第1章　子どもが生きられる空間とは何か
『月刊、社会教育』第七九一号（二〇一二年五月号）所収、全日本社会教育連合会

第2章　学校空間をひらく――〈ホモ・ディスケンス〉が育つ場所
『教育デザイン研究』第三号、横浜国立大学教育デザインセンター紀要、所収、二〇一二年

第3章　「子どもの世紀」という逆説――「子ども」を大人から差異化する視線
『差異を生きる』（宮崎かすみ編）、第一章、所収、二〇〇九年、明石書店

第4章　子どもの自己形成空間
『保健の科学』第四九号、所収、杏林書院、二〇〇七年

第5章　情報・消費社会と子どもの経験の変容
日本発達心理学会、第二一回大会（二〇一〇年三月二一日）シンポジウム
「地域と子どもの生活世界の変容を考える」発表レジュメ

第6章　子どもの日常空間とメディア
『月刊、社会教育』第八一七号（二〇一四年七月号）所収、一般財団法人日本青年館

第7章　学校での学び、社会での学び
『これからの義務教育と学校力の構築』所収、財団法人、学校教育研究所、二〇〇七年

第8章　子どもの未来感覚を考える
『CS研究レポート』第六〇号、所収、教科教育研究所、啓林館、二〇〇七年

第9章　子どもが生きられる教室空間
『神奈川県大和市立光が丘中学校研究紀要』所収、二〇一〇年

第10章　子ども・若者・大人が出会うまち――二〇五〇年の中野区の子ども・若者の育成空間を素摘する
政策研究報告書「中野区二〇五〇年・区民生活の展望」研究、所収
（原題「子ども・若者・大人の居場所と進取の気風が共存するまち」）、中野区政策研究機構、二〇一〇年

第11章　都市部の子どもの対人関係の現在
『CS研究レポート』第五八号、所収、教科教育研究所、啓林館、二〇〇六年

第12章　子どもの視線・大人の視線　書き下ろし

第13章　子ども・経験・メディア
『教育新聞』連載記事(「情報化時代の子どもたち」全二〇回)、教育新聞社、二〇〇七年四月〜二〇〇八年二月

第14章　高度経済成長期の学校空間――一九六〇年代の高校生活の記録と回想
『神中・神高・希望ヶ丘高等学校百年史』所収、神奈川新聞社、一九九八年

人名索引

ま

や

ら

わ

さ

た

な

は

事項索引

■著者紹介

高橋　勝（たかはしまさる）

1946年、神奈川県生まれ。東京教育大学大学院教育学研究科博士課程修了。愛知教育大学助教授、横浜国立大学助教授、教授を経て、現在、帝京大学大学院教授、横浜国立大学名誉教授。教育哲学、教育人間学専攻。

［主要著書・訳書］

『経験のメタモルフォーゼ』（勁草書房）、『文化変容のなかの子ども』（東信堂）、『子ども・若者の自己形成空間』（編著、東信堂）、『子どもの自己形成空間』（川島書店）、『学校のパラダイム転換』（川島書店）、『子どもの〈暮らし〉の社会史』（共編著、川島書店）、『情報・消費社会と子ども』（明治図書）、『作業学校の理論』（明治図書）、『教育人間学入門』（監訳書、玉川大学出版部）など。

子どもが生きられる空間―生・経験・意味生成

2014年11月10日　初　版　第1刷発行　〔検印省略〕

＊定価はカバーに表示してあります

著者 © 高橋勝／発行者　下田勝司　印刷・製本　中央精版印刷

東京都文京区向丘1-20-6　郵便振替　00110-6-37828

〒113-0023　TEL 03-3818-5521（代）　FAX 03-3818-5514

発行所 株式会社 東信堂

Published by TOSHINDO PUBLISHING CO.,LTD.

1-20-6, Mukougaoka, Bunkyo-ku, Tokyo, 113-0023, Japan

E-Mail : tk203444@fsinet.or.jp　http://www.toshindo-pub.com

ISBN978-4-7989-1270-7 C3037